인생을 완성하는
동기부여

자유로운 쓰기와
창의적인 읽기를
장려합니다

글에는 작가 고유의 지문이 있습니다.
정형화된 틀에서 벗어나
작가의 심리와 무의식이 반영된 자유로운 문체를 추구합니다
비문과 오문을 허용하며 글맛을 살렸습니다

인생을 완성하는 동기부여

박경화 · 최영주 · 천정은 · 김지연

마음세상

공동저서 프로젝트

http://blog.naver.com/maumsesang

귀찮아서 변화를 꿈꾸지 않는 게 아니다

어떻게 해야 할 지 몰라서 변화를 거부하는 것이다

공동저서 프로젝트

'동기부여'

  이 책은 출판사에서 진행한 '공동저서 프로젝트'로 만들어졌습니다. 공동저서 프로젝트의 주제는 '동기부여'로 총 네 명의 작가분들이 참여하였습니다.

  '동기부여'는 막힘 없이 살아가는 데 필요한 내적 에너지입니다. 어제보다 나은 삶, 지금껏 살아왔던 방식에서 한 단계 도약할 수 있는 근원적인 힘입니다.

  지금 힘들고 어렵나요? 보다 더 나은 삶을 꿈꾸고 있나요? 그런데 어떻게 해야 할 지 모르겠다면 이제 책 속에서 길을 찾을 시간입니다. 매일 똑같은 하루, 반복되는 루틴에서 벗어나 도태되지 않고 발전하는 길을 모색해야 합니다. 삶에 변화를 일으켜야 합니다.

  글 속에 길이 있습니다. 그 속에서 자신만의 방법을 찾는 일이 바로 '독서'입니다. 언제나 책과 함께 하십시오.

-공동저서 프로젝트 기획

Chapter 1. 박경화의 동기부여, 나를 키운 순간들 내가 그려갈 세상

설마 갱년기 · 14

괜찮지 않아도 괜찮다 · 18

꽃이 떨어져야 열매가 열린다 · 22

나를 사랑하기 · 28

더 좋은 날의 시작 · 32

멋진 중년 · 36

시간이 아니라 습관이 없었다 · 41

책이 시키는 대로 살기 · 44

아이랑 함께 커가는 중 · 49

나를 찾아서 · 54

좋아서 즐긴다 · 59

다시 청소를 시작하다 · 63

좋은 삶 · 71

사랑 · 74

나를 지키는 힘 · 78

종이책이 주는 기쁨 · 82

다시 봄이다 · 86

Chapter 2. 최영주의 동기부여, 나를 움직이는 힘

안 되면 하지 마라 · 92

망설이지 말고 결단하라 · 95

때를 기다려라 · 99

물이 들어올 때 노저어라 · 103

기회는 온다 · 107

긍정의 힘은 행동으로 나온다 · 111

지혜와 지식 · 115

변화는 성장이다 · 119

원가근 불가근 · 123

남는 인연 지나가는 인연 · 127

이기려고 하지 마라 · 131

가치관의 전환 · 135

계속 움직여라 · 139

짧게 신중하라 · 143

무망지복 · 147

행복은 내 곁에 있다 · 151

행복이냐 성공이냐 · 154

깜냥이 · 158

생각을 실천하라 · 162

잘사는 방법은 있다 · 166

Chapter 3. 천정은 작가의 동기부여, 작은 변화가 시작되다

삶 · 172

불안한 직장인의 하루 · 176

싫으면서도 좋은 척 좋으면서도 싫은 척 · 180

작은 변화를 시작하다 · 184

도서관이라는 공간과 자투리 시간 · 189

불안한 삶의 변화가 필요하다 · 193

독서와 글쓰기는 내 삶의 윤활유 · 197

오늘도 글을 쓰는 천 작가 · 202

변화된 일상 · 206

Chapter 4. 김지연의 동기부여, 삶을 보다 더 생기있게

동기부여란 무엇인가? · 210

타인의 무시는 나를 설레게 한다 · 214

실패에서 찾는 기회 · 218

질투의 근원은 사랑이다 · 222

다음에 승리하기 위해 지금 패배하는 것이다 · 228

슬픔에서 비롯되는 것 · 232

낙선이 만들어주는 새로운 길 · 235

손절은 나를 성숙하게 한다 · 238

소외는 짜릿하다 · 241

교만과 오만의 방향성 · 245

버림받은 추억 · 248

뻔뻔함의 파괴력 · 251

타인의 무정함은 나의 한계를 넘어서게 한다 · 255

손절이 주는 타격감 · 258

내가 누군지 깨닫는 순간 · 261

미워하는 마음 · 266

필요없음에 관하여 · 270

복수심이 주는 환상 · 273

무사유의 시간 · 276

Chapter 1.

박경화

나를 키운 순간들
내가 그려갈 세상

설마 갱년기

갑자기 불면이 시작되었다. 물에 젖은 솜처럼 몸은 무거운데 잠이 오지 않았다. 자려고 할수록 눈만 말똥거리고 머릿속은 잡념이 꼬리를 물었다. 숙면을 위해서 자료를 찾아보니 커피 끊고 운동을 하라길래 따랐지만 빨리 잠든 날에는 새벽 두 세시에 눈이 번쩍 뜨였다. 부족한 잠 때문에 내릴 역을 지나쳐 지각하기 일쑤였고, 일하는 중에도 졸음이 쏟아졌다. 세상에 제일 무거운 것이 눈꺼풀이라더니 냉수를 마시고 몸을 움직여도 졸음을 깨우기가 어려웠다. 할 수 없이 커피와 초콜릿으로 견딘 날은 잠이 오지 않았다. 악순환의 연속이었다.

박경화

그날도 제대로 자지 못해서 멍한 상태였다. 욕실 거울에 부스스한 머리와 생기를 잃은 눈과 마주쳤다. '누구신지?' 평소에 셀카 찍기를 즐겼다. 집에서도 바쁜 출근길에도 내 모습을 담았다. 필름 카메라 시절이었다면 이렇게 막 찍진 못했겠지. 휴대전화 카메라 사진이야 마음에 들지 않으면 지워버리면 그만이기에 이를 드러내며 활짝 웃기도 하고 정면을 바라보며 진지한 표정을 하며 몇 장이고 찍었다. 어쩌다 마음에 쏙 드는 사진이 있으면 그마저도 스노우 앱으로 보정 편집 후에 저장했다. 갤러리에 편집된 모습을 내 모습이라 여기며 살았다.

시선을 끄는 외모는 아니지만, 공중화장실, 백화점, 심지어 병원에서도 거울이 눈에 띄면 그냥 지나치지 못했다. 화장이 지워져 잡티가 보이는 부분은 꼼꼼히 파운데이션으로 채우고 윤기가 사라진 입술은 립글로스를 덧발라 주었다. 마스카라가 번진 눈 주변까지 면봉으로 정리해 주면 금방 화장한 듯 생기를 찾았다. "화장은 자기만족이다."라는 말은 진실이었다. 화장이 잘 받는 날에는 자신감이 생겼다. 말투, 걸음걸이부터 활기가 넘쳤다. 굳이 인사를 건네지 않아도 되는 이들에게 아는 척을 하고, 계획에 없던 약속을 잡을 만큼 마음이 설렜다. 그렇게 오랫동안 자기만족에 취했었다.

이제는 화장으로도 감출 수 없는 팔자주름과 피로에 찌든 판다 눈을 한 아줌마로 변해버렸다. 그 순간 젊음은 가버렸구나 싶었다. 더는 나이 듦을 마주할 용기가 나지 않았다. 그날 이후 휴대전화 갤러리는 자연과 풍경 사진으로 채워졌다. 불현듯 현대의학의 힘을 빌릴까? 하는 생각이 떠올랐다. 단골 미장원에 오는 손님 중 한 명이 안면거상술로 주름이 없어져서 딴사람이 되었다는 소리를 들었는데 해볼까. 친구가 레이저 시술로 피부가 맑아졌다는 했는데 해볼까. 혹하는 마음이 들다가도 얼굴로 먹고사는 것도 아닌데 그럴 필요가 있을까 싶었다. 부작용도 두려웠다. 모 연예인이 성형수술 부작용으로 얼굴이 망가졌다던데, 친구가 레이저 시술 후에도 2년 만에 다시 원래 상태로 돌아가고 오히려 피부가 약해져서 각종 염증에 시달린다던데. 어쩔 수 없이 나이 듦을 받아들이자 싶다가도 젊고 예쁜 사람들을 보면 부럽고 샘이 났다. 그 시절을 지나왔으면서도 그들이 짊어져야 할 무게보다 반짝이는 젊음이 먼저 보였다.

병원을 찾는 일이 잦아졌다. 어느 날은 허리가 아파 길을 걷다가도 주저앉아 쉬어야 했고 어느 날은 어깨가 아파서 자다 깨거나 팔을 뻗으면 악 소리가 날 만큼 아팠다. 어느 날은 목, 어깨, 허리까지 아팠다. 스테로이드 주사를 맞으면 힘들어서 입술까지 부르텄다. 몸이 흔들리니 마음도 약해졌다. 평소 아무렇지 않게 척척 해내던

박경화

세탁기 빨래 꺼내기 김치냉장고에서 김치통 꺼내기 등 힘이 필요한 일 들은 할 수가 없었다. 시댁에 가도 농사일을 선뜻 나서서 도와줄 형편이 못되었다. 직장에서도 새로 들어온 교구를 번쩍 들어 이동하는 일에는 뒷걸음질 치게 돼서 면목 없었다. 당연했던 일들 앞에서 조심하느라 망설이게 되고, 욕심내면 바로 통증으로 이어지니 자꾸 눈치가 보였다. 고장 난 허리, 불편한 관절, 작은 변화에도 민감해지는 감각들에 마음은 하루에도 몇 번씩 롤러코스터를 탔다. 설마 했던 갱년기의 시작이었다.

괜찮지 않아도 괜찮다

갱년기는 더는 여자가 아니라는 선언처럼 느껴졌다. 사소한 일에도 짜증이 났다. 쉽게 분노했고 말이 곱지 않았다. 돌아서면 후회했지만, 순식간에 치밀어 오르는 불덩이를 주체할 수가 없었다.

변화를 지켜보는 가족들의 시선도 곱지 않았다. 이해보다는 도대체 왜 그래? 타박 섞인 대꾸로 돌아왔다. 급기야 가족들은 나를 슬슬 피하기 시작했고 혼자라는 서러움에 자주 울었다. 예전엔 길을 걷다가 거울을 그냥 지나치지 못했었는데 이제는 오히려 발걸음이 빨라진다. 더 젊지도 매력적이지도 않다는 현실을 받아들이기 싫었

박경화

다. 거리에서 마주치는 젊음 들이 부럽고 샘이 났다. 친구들을 만나지 않으면 외로운데 막상 만나면 힘이 빠졌다. 감정 기복이 심해져 혼자 있는 게 차라리 편해졌다. 몸과 마음이 따로 있지 않다더니 마음의 변화가 시작되자 몸의 퇴행도 자주 드러났다. 단숨에 뛰어오르던 뒷산 둘레길을 이제는 걷기만도 벅찼다. 호흡이 가빠 몇 번이고 쉬어가야 했다. 큰 병을 앓는 건 아니지만 그렇다고 편치도 않은 상태가 지속하였다. 아침이면 손 관절이 붓고 아파서 움직일 수가 없었다. 그저 불안하고 혼란스럽기만 했다.

다니던 산부인과에서는 호르몬 치료를 권했지만, 부작용이 있다는 소리에 망설여졌다. 갱년기 진단을 받은 뒤로는 몸에 이상만 생기면 갱년기 탓을 하게 된다. 사실은 땀과 열감처럼 누구나 인정하는 갱년기 증상이 아니라면 대부분 나쁜 생활 습관에서 비롯했는데도 말이다. 실제로 꾸준히 건강 관리를 하는 분들은 노화를 늦추거나 심한 갱년기 증상을 겪지 않는다했다. 꾸준한 운동과 건강한 생활 습관이 갱년기 증상을 완화 시키는 열쇠다.

처음에는 변화를 받아들이기 싫었다. 하지만 이대로 살아갈 수는 없지 않은가? 일상을 되찾기 위한 노력을 시작했다. 먼저 수면 패턴을 되찾기 위해 저녁에 스마트기기 사용을 줄이고 열 시가 되면 무조건 침대에 누웠다. 여전히 눈이 말똥거리고 곧바로 잠이 들지 않았지만, 눈을 감고 수면 유도 음악을 들으며 마음을 가라앉혔다. 두 번째로는 습관처럼 먹던 간식을 줄였다. 달콤한 음료도 줄이고 소식과 간헐적 단식을 이어갔다. 칼슘과 비타민 D가 함유된 영양제를 챙겨 먹기 시작했고, 면역력 향상에 도움이 되는 과일, 채소가 듬뿍 들어간 식단으로 바꿨다. 사람의 혀는 어찌나 간사한지. 한동안은 못 견디게 생각나더니 한 달이 지나자 그렇게나 좋아하던 캐러멜 마키아토를 한 모금도 못 넘기고 뱉어버렸다. 달다 못해 역한 느낌이었다. 하루에 기본 3잔은 마셨던 커피도 심장이 두근대고 속이 쓰려서 끊게 되었다. 치킨이나 피자 같은 건 느끼해서 먹지 못하게 되었다. 몸도 자정 능력이 있었다. 매일 저녁을 먹은 후에는 남편과 함께 삼십 분씩 공원을 걸었다. 노트북에 코 박고 엉덩이 빼던 남편도 지방간에 고혈압까지 생기니까 못 이기는 척 따라나섰다. 저녁 산책은 익숙해져 무덤덤해진 우리 부부에게 일과를 나누며 서로를 이해하는 시간이 되었다. 산책을 끝낸 소감을 물으면 나오길 잘했다고 대답하면서도 먼저 나서는 법은 없었다. 하지만 앞으로도 쭉 함께 걷기로 약속했다. 세 번째는 메모하는 습관이었다. 전날 밤에 필요한 물건을 미리 준비하고 대조표를 만들어 아침 시간의 혼란을 최소화했다. 틈틈이 자기 관리에 관한 책을 읽으며 스트레스 요인을 줄였더니 조금씩 변화가 찾아왔다. 불편했던 증상들의 빈도가 점차 줄

박경화

어들고, 수면의 질도 조금씩 나아졌다. 고갈되었던 체력과 에너지가 회복되어 일상을 견딜 정도가 되었다.

불편할 때마다 아무 문제 없는 상태로 돌려야 한다는 욕심에 조바심이 났었다. 하지만 그럴수록 증상은 더 심해졌다. 갱년기 역시 내가 넘어가야 할 산이었다. 돌아보니 나이에 맞는 아픔과 고통은 늘 있었다. 겉으로는 문제없어 보이는 사람들도 속내를 들여다보면 저마다의 고통을 감내하고 있었다. '피할 수 없으면 즐기라'는 말처럼 내게 온 갱년기를 인정하고 끌어안기로 했다. 몸이 아플 때는 병원을 찾았고, 감정 기복이 심해지면 글을 쓰고, 음악을 듣거나 밖으로 나가서 걷고 달렸더니 조금씩 견딜 만해졌다. 불편한 나를 인정하고 살아갈 결심은 사랑이다. 젊은 친구들처럼 괜찮지 않은 나라도 괜찮다.

꽃이 떨어져야 열매가 열린다

5월에 접어드니 눈길 닿는 곳 모두가 꽃 천지다. 겹벚꽃 진 자리에 분홍 달맞이꽃, 모란꽃, 붉은 장미, 해당화, 찔레꽃, 튤립 등 종류와 상관없이 저마다의 아름다움들로 눈길을 사로잡는다. 너희들은 예뻐서 좋겠다며 은근히 질투하면서도 한참을 서서 고운 빛을 휴대전화에도 마음에도 담았다. 나뭇잎들이 살랑살랑 흔들리는 소리, 바람결에 묻어오는 선명해지는 꽃 냄새, 눈부신 오월의 햇살 아래를 걷다가 공원 벤치에 앉아 잠시 숨을 고른다. 초록을 향해 아우성쳐대는 오월 한낮 풍경에 마음속 여러 잡다한 생각들은 사라진다. 힘차게 공을 차며 뛰어다니는 학생들과 비눗방울을 불며 까르르 웃어대는 아이들을 바라본다. 저 들은 오월의 신록처럼 싱그러운데 나는 과연 생의 어느 계절을 지나고 있는 걸까? 내게도 돋보기로 모은 햇빛처럼 청바지에 티셔츠 하나만 걸쳐도 반짝이던 젊음이 있었다. 가진 것 없어도 근거 없는 자신감으로 당당했던 때였다. 청춘에 영영 머물러 있을 줄 알았는데. 중년을 오지 않을 먼 미래의 일로만 여겼었는데 어느새 여기까지 와버렸다

    남편을 만나 결혼했을 때만 해도 두려움을 몰랐다. 사랑만 있으면 충분하다고 여겼다. 가진 것 적어도 젊음이 있었기에 자신 있었다. 신혼은 알콩달콩 깨가 쏟아지는 달콤한 시간일 줄만 알았다. 하지만, 서로의 다름을 맞추고 며느리 역할에 적응하느라 핑크빛 꿈은 현실의 벽에 부딪혀 산산조각이 나버렸다. 아이가 태어나니 엄마의 역할까지 더해져 당장 해야 할 것들에 빠져 살았다. 하루하루가 전쟁 같았지만, 열심히만 하면 되는 줄 알았다. '달리는 말에 채찍질하듯' 끊임없이 나를 다그치며 살았다. 힘들었지만 아이들이 쑥쑥 커가는 모습이 기쁨이고 보람이었다. 그런데 어느 날부턴가 아이가 제 방문을 잠그기 시작했다. 구김살 없이 밝던 아이의 얼굴에서 표정이 사라졌다. 친구랑 통화할 때는 세상 다정한 말투더니 내가 묻는 말에는 "괜찮아, 알아서 할게요.", 귀찮은 기색이 역력했다. 살갑게 말을 걸어보아도 언제나 단답형이었다. 공부를 게을리하거나, 게

임을 오래 하고, 아이돌 스타에 열광하는 모습을 볼 때마다 큰소리가 나왔다. 아이는 엄마랑 말이 안 통한다며 마음을 닫았다. 다가가는 거리만큼 멀어지는 아이가 버거웠다. 자신만의 세계에 빠져든 아이를 견디기 힘들었다. 엎친 데 덮친 격으로 아이의 사춘기와 나의 갱년기가 맞물려 버렸다. 수시로 얼굴이 달아오르고 불면에 시달렸다. 피부가 옷깃이나 가방에 스치기만 해도 붉어지고 가렵고 따가웠다. 평상시에도 벌레가 기어가듯 스멀스멀한 느낌이 들고, 간지러워 괴로웠다. 종종 근육통이 생기고 쉽게 피로해졌다. 갱년기는 처음이었고 사춘기는 너무 먼 옛날이야기였다. 어찌할 바를 모르고 허둥대기만 했다. 불쑥불쑥 찾아오는 무력감이 나를 더욱 작아지게 만들었다. 김창옥 교수는 중년을 "청춘의 꽃이 떨어지고 인내의 열매가 열리는 시기"라 말했지만 내 생의 꽃이 져버렸음을 받아들이기는 쉽지 않았다.

갱년기가 절정으로 치닫고 있을 즈음이었다. 가족 모두가 코로나에 걸렸다. 완치 판정을 받고 출근을 했지만 좀처럼 회복되지 않았다. 아침에는 눈뜨기가 어려웠고, 두통에 시달렸다. 쉽게 지치고 누적된 스트레스에 일상의 균형도 무너졌다. 그러던 차에 직장에서 건강검진을 받았다. 일주일 뒤 검진 결과가 나왔는데 폐 결절에 유방 물혹, 지방간에 고지혈증까지 한 번도 걱정해 보지 않았던 문제들이

박경화

한꺼번에 튀어나왔다. 평소에도 일의 성격상 감정노동이 심해서 과로하거나 스트레스가 쌓이는 날에는 식은땀이 나고 호흡이 곤란해져 응급실에 실려 가는 일이 잦았다. 그래도 어쩌겠는가. 링거를 맞고 안정을 취한 뒤 직장으로 돌아오곤 했었다.

나쁜 일은 한꺼번에 몰려온다더니 딸아이가 성적이 나오지 않는다고 수시 대신 수능에 집중하겠다며 자퇴를 선언했다. 고등학교 일학년에 자퇴라니 무슨 소리인가. 수능에 실패하면 어쩌려고. 몸도 마음도 힘든데 자식까지 애를 먹인다. 자퇴를 일탈로 생각했다. 남일로만 여겼던 일들을 실제로 겪어 보니 큰 바위에 가로막힌 듯 답답하고 절망스러웠다. 두 달 만 더 고민해 보자며 시간을 벌고 담임에게 도움을 요청했지만 소용없었다. 제도권 안에서 남들처럼 정해진 수순에 따르는 것이 안전하다 여겼다. 자퇴는 맨몸으로 세상에 내던져진 듯이 위험해 보였다. 아이가 자라는 동안 꿈이 계속 바뀌었다. 아이돌, 파티시에, 운동선수, 향수 제조사, 요리사, 수의사 등등. 그럴 때마다 성공하기 힘들 거라며 반대했었다. 아이는 반대에 부딪혀 꿈을 포기했다며 울먹였다. 무엇을 꿈꾸든 이제는 무조건 자기를 믿어 달라 요구했다. 자신의 미래를 제일 많이 고민하고 걱정하는 사람은 결국 자신이라며 인생 결정권을 주장하는 아이를 막을 수는 없었다. 그날부터 바통은 아이에게 넘어갔고 우린 꿈을 응원해

주는 지지자가 되었다.

　맞벌이하느라 아이와 함께할 시간이 늘 부족했었다. 열심을 내는 것만이 가족을 위하는 일이라 여겼다. 지금은 나와, 내 아이를 위한 시간이 필요하다는 생각에 사직서를 내고 집으로 돌아왔다. 일을 그만두었지만, 기상과 동시에 시작되는 일과는 여전히 촘촘했다. 달라진 게 있다면 무엇을 할지 선택할 수 있다는 것뿐이었다. 그 무렵 남편도 사표를 내고 집으로 돌아왔다. 아이까지 자퇴 한 상태라서 집에는 백수 셋이서 북적였다. 눈을 뜨자마자 운동복을 챙겨 입고 헬스장으로 향했다. 땀을 흘리다 보면 어느새 아침이었다. 부리나케 집으로 달려와 아침을 준비하고 식구들을 깨웠다. 설거지를 끝내고 나면 근처 도서관에 가서 책을 읽거나 글을 끄적이면서 오전 시간을 보냈다.

　어디에 있든지 12시면 집으로 돌아와야 했다. 민생고를 책임지고 있는 막중한 임무 탓이었다. 도착하자마자 숨 돌릴 틈도 없이 점심을 만들었지만, 아이는 청국장 냄새가 싫다면서 투덜거렸다. 트집 부리는 걸 보니 입맛이 없는 모양이었다. 반 공기도 안 먹고 일어나길래 요플레랑 블루베리를 갈아줬더니 마지못해 마신다. '주는 대로 그냥 먹지'라는 말이 목구멍까지 올라왔지만 겨우 삼켰다. 아이는 학원으로, 나와 남편은 둘레길로 향했다. 반환점인 국기봉에는 음료를 팔았다. 그곳에서 마시는 칡즙은 정말 꿀맛이었다. 남편은 이 맛에 이곳에 온다고 했다. 나 역시 동의했다. 갈증을 단번에 가시게 해주는 그 맛은 둘레길을 걷는 즐거움 중의 하나였다. 오르막에서는 제법 숨이 찼고 바람이 불었는데도 땀에 흠뻑 젖었다. 피로감은 느껴졌지만, 발걸음은 가벼웠다. 집으로 오는 길에 마트에 들러 치킨과 회를 샀다. 집에 오자마자 쓰러졌다가 눈을 뜨니 6시였다. 부랴부랴 상을 차리는데 딸아이가 돌아왔다. 다행히 입에 맞았는지 만족한 표정이었다. '휴! 또 한 고비 넘겼다.' 전업주부가 되니 하루 세끼를 차려내는 일이 가장 중요해졌다. 살아있는 것은 아프다. 우린 각자의 십자가를 지고 살아간다. 이 고비만 지나면 나아지리라 기대하지만 사는 동안 그림자처럼 따라다닐 과제다. '저도 얼마나 힘들었을까?' 하는 안쓰러운 마음이 들어서 위로를 건넸다. 그날은 그렇게 아이를 토닥이며 하루 마침표를 찍었다.

욕심을 내려놓고 흐름에 맡기다 보니 갱년기와 맞물린 아이의 사춘기도 굽이치는 파도 너머로 순조롭게 항해 중이다. 불편했던 증상들의 빈도가 점차 줄어들고, 수면의 질도 조금씩 나아졌다. 고갈되었던 체력과 에너지가 회복되어 일상을 견딜 정도가 되었다. 꽃이 떨어져야 인내의 열매가 열린다는 말은 진리다. 비로소 꽃이 떨어졌음을 받아들이고 인내의 열매를 위한 담금질이 시작되었다.

나를 사랑하기

　선잠이 깨서 거실로 나왔다. 습관처럼 노트북 앞에 앉아서 가을을 기록했다. 피곤은 간식을 부르는 법인가보다. 초콜릿, 오메기떡, 단감, 우유까지 눈 깜짝할 사이 게눈 감추듯 사라졌다. '가을은 말만 살찌우지 사람은 왜?'하고 괜한 트집을 잡다가 결국 식탐임을 인정했다. 평소에는 잘 지키다가도 몸이 힘든 날은 제어 버튼이 작동하지 않았다. 폭식 후 디저트로 아이스크림까지 먹어버렸다. 모르긴 해도 엄청난 혈당 스파이크가 일었으리라. 힘듦을 음식으로 달래는 버릇은 여전했다. 음식을 조절하는 이유는 고지혈증 때문이었다. 생명과 직결되는 문제 앞에서도 쉽게 무너지는 걸 보면 유리멘탈 인정! 불혹이니 지천명이니 하는 말들은 내겐 아직도 먼 이야기다. 나이를 먹는다고 저절로 철이 드는 것은 아니다. 마음 역시도 갈고 닦아야 하는 이유다. 자기 관리를 잘하는 멋진 어른으로 사는 게 꿈이었다. 그렇게 살지는 못해도 넘어질 때마다 일어서기를 반복하며 내 속도에 맞추면서 살고 있다. 그러다가 흐트러지지 않도록 나를 붙드는 힘은 무엇일까 생각했다. 눈을 뜨면서부터 잠들기 전까지 열심을 내는 힘은 '엄마'라는 나의 다른 이름이었다.

나만 알던 내가 엄마가 되면서부터 우선순위를 바꿨다. 모성을 본능이라지만 이 마음 역시 지독한 자기애다. 아이들은 부모의 뒷모습을 보고 자란다. 삶에 진심이 그들에게 빛처럼 스며들기를 바랐다. 내리사랑이라고 받을 땐 이토록 뜨겁고 열렬한지 몰랐었다. 부모의 사랑은 짝사랑과 닮았다. 하는 쪽은 애가 타는데 받는 이는 귀찮아하는 불공평한 사랑. 지금은 내 사랑이 짐이 되지 않도록 애쓰는 중이다.

삐뚤빼뚤한 글씨로 사랑한다고 나중에 엄마랑 결혼하겠다며 하루에도 몇 번씩 편지를 건네던 아들도, 엄마를 차지하려고 잠자리에서 오빠랑 자리다툼까지 했던 딸아이도 방문에 '노크'라는 팻말을 붙여두고 방문을 잠궜다. 평일에는 얼굴 볼 시간도 없고, 주말 식탁에서마저 휴대전화를 보거나 묻는 말에는 단답형이었다. 살가움이 사라진 모습을 대할 때마다 섭섭했다. 나도 그렇게 떠나왔는데 막상 내 일이 되니 머리와 가슴이 따로 놀았다. '빈 둥지 증후군'을 인정하기 싫지만 현실이었다. 좋은 것을 봐도 무덤덤하고 성가셨다. 마치 손에 쥔 풍선을 놓친 아이처럼 자꾸만 울컥해졌다. 그러다가 누구나 겪는 일이라고 마음을 달랬다.

돌이켜 보면 한순간도 원래로 머문 적이 없었다. 알아차리지 못했을 뿐이지 매 순간 우리는 변했다. 나를 둘러싼 환경도 그런데, 하물며 살아있는 생명이야 너무 당연한 일이었다. 의식하지 못했지만 매 순간 상실과 함께 흘렀다. 탯줄과 분리되면서 세상 밖으로 나왔고, 혼자 할 수 있는 것들이 늘어나면서 엄마 품을 떠났다. 상실은 새로운 세계로 들어가는 통과 의례였다. 세월 따라 흘렀지 갑자기 중년으로 쿵 떨어진 것이 아니었다. 지나온 젊음도 눈부시지만, 중년에 누리는 여유로움도 선물이다. 그러니 사라지는 것들에 목맬 필요도 없고, 그래서도 안 된다. 그제야 늘 뒷전이었던 내가 보였다. 여기저기 손 볼 곳 천지인 나를 끝까지 책임지려니 새삼 애틋해졌다. 남은 생은 무엇을 하며 살고 싶은지를 생각하다가 '성장'을 떠올렸다. 성장은 한 걸음 더 내딛는 용기이며 두근대는 사랑을 닮았다. 갱년기 핑계를 대면서 버려두었던 몸 맘을 돌보기로 했다. 병원을 찾고 운동도 하면서 몸을 지키고 읽고 쓰기를 통해 마음을 단단하게 다지

박경화

고 있다. 아이들과 함께 있지만 구속하지 않고 서로를 키워내는 중
이다. 앞으로도 우리는 서로를 존중하고, 사랑하며 살 것이다. 지금
은 생의 어느 시기보다 나를 사랑하는 중이다.

더 좋은 날의 시작

　새벽 4시에 눈이 뜨였다. 알람을 5시에 맞췄다는 생각이 떠올라서 억울한 생각마저 들었다. 그러나 다시 자는 것도 불안해서 주섬주섬 옷을 챙겨입고 출근 준비를 했다. 오전 당직이라서 어차피 빨리 나가야 했고 부족한 잠은 지하철에서 보충하자는 계산이었다. 하지만 지하철을 탔을 때 예상은 보기 좋게 빗나갔다. 새벽인데도 평상시와 다름없는 인파 탓에 꼼짝없이 서서 가야 했다. 오전 당직만 아니었으면 침대에 있을 시간이었다. '많은 이들이 이렇게 일찍 하루를 시작 하다니!' 혼자 울컥했다. 갱년기 탓인지 툭 하면 눈가가 촉촉해졌다. 그날 목격한 새벽 풍경은 삶을 억지로 견디는 고통으로 여겨졌다. 주위를 둘러보니 대부분 중년층과 어르신들이었다. 무표

박경화

정한 얼굴에는 피로가 덕지덕지 붙어있었다. 다행히 자리를 차지한 이들은 고개를 수그린 채 졸고 있었다. 나 역시도 자리만 있다면 곧바로 잠에 빠져들 만큼 피곤했다. 빈자리가 없어서 손잡이에 의지한 채 눈을 감았다. 선 채로도 잘 수 있다는 것을 그날 처음으로 알았다. 손에 힘이 풀려서 하마터면 주저앉을 뻔했다. 여의도역을 지나고 종로3가역에서 겨우 자리가 생겼다. 자리에 앉자마자 바로 곯아떨어졌다. 모자가 불빛을 가려줘서 이불 속처럼 포근했다. 정신없이 졸다가 내릴 역에 눈을 떴다. 무의식에서도 몸의 시계가 맞춰져 있음이 다행스럽고 안쓰러웠다. 그렇게 시작한 하루는 너무나 길었다

토요일인데도 남편은 골프를 친다고 새벽에 나갔었다. 열심히 일했으니 휴일을 즐기는 것도 이해했다. 하지만 그렇게 나간 남편은 온종일 전화도 없다가 만취한 채로 돌아왔다. 표정이 심상치 않아서 무슨 일이냐고 물었더니 차가 긁혀 있었단다. 경찰서에 신고했다는 말을 듣고도 '이미 일어난 일이니 어쩔 수 없지.' 하는 생각이 먼저 들었다. 평소 같았으면 펄쩍 뛰며 원망을 했을 것이다. 긁힌 흔적을 보니까 영업용 택시였다. 이튿날은 일요일이라 CCTV 확인을 할 수가 없었다. 남편은 차가 부서져 꼼짝없이 집에서 지내야 한다며 투덜거렸다. 옳다구나 하고 둘레길을 걷자 했더니 싫다는 말만 돌아왔다. 혼자는 내키지 않아서 둘레길 대신 도서관으로 향했다. 내게 도서관은 쉼이고 고요함이다. 책을 읽고 있으면 서너 시간은 훌쩍 지

난다. 점심때가 되어서 서둘러 집에 갔더니 남편은 치킨 한 조각과 생라면을 먹으며 게임 삼매경이다. 안타까운 마음이 들었지만 쉬는 거라니 입을 다물었다.

결혼 전에 처음 부모님께 인사드리러 갔다가 오는 길에 폭설을 만났었다. 기온이 뚝 떨어지고 바람마저 매서운 날이었다. 도로가 꽁꽁 얼어 미끄러웠고, 차량이 점점 늘어나서, 가다 서기를 반복했다. 사고로 이어질 수도 있는 불안한 상황이었다. 하는 수 없이 갓길 주차를 하고 셔츠차림인 남편이 밖으로 나갔었다. 바퀴 체인을 설치하느라 혼자 애쓰는 것이 미안하고 걱정스러웠다. 차창을 조금 내린 채 밖을 살폈더니 귀까지 얼어서 빨개진 얼굴로 춥다며 창문을 닫아주었었다. 그 순간 이 남자 손을 꼭 잡고 있으면 안전하겠다는 생각이 들었고 비로소 결혼을 결심했었다. 난데없이 그날이 떠올라서 남편을 물끄러미 바라봤더니 별일이라는 표정을 짓더니 쑥스러운지 시선을 피한다. 원래 열이 많은 사람이었는데 요사이 부쩍 추위를 많이 타서 안쓰러운 생각마저 들었다. 어느새 측은지심으로 서로를 바라볼 만큼 나이를 먹었다. 불같이 타올랐던 열정이 젊은 날의 사랑이었다면 불씨만 남은 온기도 사랑의 다른 이름이다. 지금 우리 인연을 이어주는 것이 아이들인지 서로를 안쓰러워하는 마음인지 알 수 없지만, 무엇이어도 괜찮다. 앞으로도 우린 닮아 갈 것이고 마

박경화

지막까지 서로의 늙음을 바라볼 것이니 설렘은 사라졌어도 이만하면 되었다.

드디어 월요일이 되었다. 사고 장면을 찾을 수 없다는 연락이 왔다. 퇴근 후 남편이 다시 확인했지만 마찬가지였다. 할 수 없이 수리비 80만 원을 결재했다. 새해를 맞은 지 얼마 지나지 않아서 생긴 일이었다. 억울했지만 액땜이라고 생각했다. 매일 뉴스에는 하루에도 수없이 많은 사건 사고가 일어난다. 그나마 돈으로 해결된다면 큰일 아니라며 위로했다. 돈은 돌고 도는 것이니 움켜쥘수록 쉽게 잃는다. 나가야 한다면 흔쾌히 보내야 한다. 가끔 찾아오는 불편감과 우울감도 살아있으니 겪는 일이다. 아무 문제 없어야 한다는 욕심을 버리니 지금도 괜찮다. 있는 그대로를 받아들이자 더 좋은 날이 시작되었다.

멋진 중년

내가 살고 싶은 집은 마당이 있고. 서재와 운동기구가 갖추어진 집이다. 마당에 나무와 꽃도 있어서 계절을 느낄 수 있으면 좋겠다. 텃밭에는 상추랑 푸성귀를 심어서 금방 채취한 싱싱한 먹거리로 식탁을 차리고 싶다. 집안에 헬스장과 황토 찜질방도 있어서 운동과 쉼을 누리고 싶다. 보관할 공간을 걱정하지 않고 아끼는 책들을 모두 꽂을 수 있는 큰 책장을 갖고싶다. 나만의 서재에서 마음껏 읽고 쓸 수 있었으면 좋겠다. 돈벼락을 맞아야 할 꿈이지만 상상만으로도 신이 난다.

우린 4인 가족인데 25평에 살고 있다. 아이들이 어렸을 때는 방 2

박경화

개로 충분했었다. 여름에는 거실에 모기장을 쳤고, 서늘해지면 안방에서 함께 잤지만 불편함을 몰랐다. 막내가 초등학교 2학년이 되던 해에 지금 집으로 이사했다. 아이들에게 방 하나씩을 줄 수 있으니 다 가진 듯 행복했다. 집들이에 식구들을 초대했더니 역시나 좁았다. 잘 곳이 부족해서 거실까지 이불이 내려왔다. 밥은 식탁에서 교대로 먹거나 교자상을 펴야만 했었지만 가끔 있는 일이니 괜찮았다. 다만 화장실이 하나인 점은 여전히 고민거리다. 샤워 커튼을 설치해서 급한 볼일이 있을 때 활용하고 있다. 서재가 없어서 식탁에서 읽고 쓰느라 거실은 내가, 안방은 노트북을 끌어안고 있는 남편 차지가 되었다. 잠잘 때는 남편은 침대 바깥쪽, 나는 침대 안쪽 벽에 붙어 잔다. 둘 사이 공간은 장정이 대자로 벌리고 누워도 충분할 만큼 넓다. 조금만 뒤척여도 잠을 깰 만큼 예민한 남편 때문이었다. 갱년기 증상으로 중간에 잠이 깨면 거실로 이불을 끌고 나왔다. 그럴 때는 오디오를 들으며 잠을 청했다.

'서 있으면 앉고 싶고 앉으면 눕고 싶다.'라는 말처럼 인간의 욕심은 끝이 없었다. 화장실 때문에 불편을 겪을 때마다 넓은 집이 부러웠다. 불행해지고 싶으면 남과 비교하고 행복해지고 싶으면 가진 것에 만족하라는 말은 사실이었다. 그새 이사 왔을 때의 행복감을 잊어버렸다. 생각을 고쳐먹고 돌아보니 집안 곳곳이 내 공간이었다.

안방에는 남편이 만들어준 서서 사용하는 책상이 있고 식탁은 식사 시간을 제외하고는 내 것이었다. 출퇴근 시 지하철에서 글을 쓰기도 하고 독서를 하니 그곳이 서재였다. 살면서 내 거라고 움켜 진 것들도 세월 따라 사라지니 영원한 내 것은 없었다. 집 근처에 도서관이 두 곳이니 읽고 쓸 공간으로 충분하다. 공원과 둘레길은 사시사철을 느끼고 운동도 즐길 수 있다. 시댁이 시골이라 싱싱한 제철 과일과 채소도 먹을 수 있고, 집 근처에 찜질방도 있다. 지인들이 온다면 거실과 안방을 내주거나, 멀지 않은 곳에 숙박소도 있다. 불평을 멈추고 생각을 바꾸니 지금도 충분함을 알겠다. 행복은 느끼는 자의 몫이다.

여태껏 떠밀리듯 살았다. 꿈꾸고, 도전해야 할 이십 대에는 나 하나 먹여 살리기도 벅찼다. 평생을 함께해도 좋을 것 같은 사람과 결혼 했지만, 아내로, 며느리로, 엄마로 사느라 숨이 가빴다. 역할을 감당하며 지금까지 흘렀다. 맞벌이를 그만둘까 했다가도 아이들의 꿈을 응원 하고 싶었다. 일상을 지켜내는 노력은 그 자체로 빛이고 희망이다. 애면글면 키우던 아이들은 더는 내 손이 필요하지 않았다. 처음에는 갑작스럽게 주어지는 여유를 어찌할지 몰랐다. 가끔 '지금 잘살고 있는 것인지? 앞으로는 어떻게 살아야 할까?' 하는 생각으로 불안하고 조바심이 났다. 평생을 헌신했지만, 외롭게 돌아가신 엄마처럼 살고 싶지는 않았다. 삶이 영원할 듯 살지만, 생명은 유한하고 언젠가는 마지막을 만난다. 갱년기는 남은 날을 계획할 새로운 시작이었다.

도전, 설레다, 그리움, 실행, 희망, 용기, 다정함은 나를 출렁이게 한다. 수많은 이유로 접었던 꿈에 도전 중이다. 생은 오롯이 자기 몫이다. 환경 탓 남 탓을 하기에는 우리 인생은 너무나 짧다. 바쁘다는 핑계로 행복을 미루며 살았다. 하루에 한 번 하늘을 올려다보기, 아이들과 저녁 먹으며 그들의 이야기에 귀 기울이기, 남편과 산책하며 일과를 나누고 계절의 변화를 즐기기 등 소소하지만 중요한 일부터 챙기기로 했다. 시간 나면 하겠다던 독서와 글쓰기도 시작했다. 처음이 어렵지 무엇이든 하고자 하면 길은 열려 있다. 인문학 밴드에 가입하고 책을 읽고, 글을 쓰면서 결이 같은 사람들도 만났다. 욕망을 기록하면서 나를 이해했고, 꿈을 꾸었다. 글이 쌓이는 만큼 글쓰기가 좋아지고, 지루했던 일상이 설렘으로 바뀌었다. 이제는 자발적으로 독서와 글쓰기를 이어가는 중이다.

원하는 일을 하니 핑계가 줄었다. 외출할 때는 습관처럼 책을 챙긴다. 가까운 곳에 있으면 읽을 확률이 올라간다. 책을 읽기에 시간이 부족하다는 핑계를 없앴다. 전시회 관람도 혼자서, 식당에서의 혼밥도 당당하게, 익숙한 길 보다는 낯선 길을 선택한다. 지금과는 다른 시도로 나를 사랑하는 중이다. 자식과 남편이 챙겨주기를 바라지 않으니 섭섭할 일도 없고 남에게 기대지 않으니 삶이 자유로워졌다. 마음이 있는 자리가 내 자리고 나를 이끄는 단어들로 삶은 충만해졌다. 지금 나는 멋진 중년을 사는 중이다.

박경화

시간이 아니라 습관이 없었다

(새벽 기상)

다람쥐 쳇바퀴 돌 듯 뻔한 일상이었다. 지루한 삶에 변화가 필요했다. 변화는 내 안에서 일어나는 울림이었다. 권태를 벗어나기 위한 몸부림이고, 삶을 향한 갈망이었다. 꾸준함을 위해서 '함께' 하는 힘을 빌었다. 만보 걷기, 새벽 기상, 인문학 밴드에 가입했다. 서로를 응원하는 인연은 샘물 같은 기쁨이었다. 격려와 칭찬 덕분에 꾸준함을 지킬 수 있었다. 새벽 기상을 하면서 인증 사진을 찍었다. 사진이 쌓일수록 내 이야기도 차곡차곡 쌓였다. 모인 이야기는 내 역사가 되고 삶이 선명해졌다.

습관이 참 무섭다. 잠든 시간과 상관없이 늘 5시 전후에 눈이 번

쩍 뜨였다. 알람 없이도 일정한 시간에 잠에서 깨었을 때 습관의 중
요성을 알았다. 잠에서 깼지만, 침대에 누운 채 일어날까 말까 망설
였다. '나 믿지?' '그럼~' '보여줘' '뭘?' '말로만 하지 말고 매일 움직
이겠다는 약속.' '알았어, 나만 믿어!' '응! 역시 멋지다. 오늘도 파이
팅!' 망설임 대신 주문처럼 건네는 독백이었다. 유난스럽지만 수만
가지 핑계를 대며 도로 눕는 것을 막기 위해서였다. 그래도 몸이 늘
어지면 벌떡 일어나서 현관문부터 열었다. 한 발짝만 내디뎠을 뿐인
데 딴 세상이었다. 말간 새벽 공기에 몸이 깨어났다. 어둠이 채 가시
지 않은 아파트공원에는 운동하는 이들로 술렁거렸다. 그들 속으로
들어가 스트레칭을 하고 운동장을 달렸다. 달리는 동안 아파트 너머
로 발간 태양이 떠오르고 아침이 밝았다. 기분 좋은 열감이 온몸에
퍼지고 생기로 채워졌다. 운동을 끝내고 집으로 돌아가는 발걸음은
깃털처럼 가벼웠다. 공복을 즐기게 된 것은 덤이었다. 그렇게 여는
하루는 생기가 돌고 활기찼다. '오늘도 성공!' 약속을 지켰다는 성취
감에 뿌듯했다.

　　새벽 시간은 그날 사정에 따라 독서, 글쓰기, 운동 등으로 채웠다.
무엇으로든 마음껏 즐길 수 있으면 충분했다. 도전은 열정과 설렘을
선물했고 온전히 몰입하는 경험은 살아있음이 축복임을 알게 했다.
그렇게 쭉 이어졌으면 좋겠지만 열정은 그리 오래 가지 않았다. 열

　　　　　　　　　　　　　　　　　　　　　박경화

심을 낼 때는 전혀 문제없던 사소한 불편들이 마음이 멀어지면 변명거리로 되었다. 무리가 되었던지 병든 닭처럼 누울 자리만 보이는 날을 맞았다. 몸이 피곤하니 호언장담했던 용기는 눈 녹듯 사라지고 말았다. 한동안 김빠진 맥주처럼 죽은 듯이 살았다. 어쩌면 쉼이 필요했었는지도 모르겠다. 한동안 욕심을 내려놓고 충분히 쉬었더니 나를 흔드는 문장에 다시 움직일 수 있었다. 넘어진 김에 쉬어간다는 말이 있듯이 넘어지면 멈추고 기운이 생기면 다시 도전을 이어갔다. 실패와 도전을 반복하는 이유를 곰곰이 생각 해보니 '사랑' 때문이었다. 죽을 때까지 포기할 수 없는 자기애였다. 진심으로 나는 잘 되었으면 좋겠고, 여전히 애틋한 마음이 들어서 끝없이 가꾸고 다듬는 것이었다.

새벽 기상을 하는 이들은 스트레스가 줄어들고, 긍정적으로 변한다는 연구결과가 나왔다는 글을 읽었나. 결과적으로 집중력도 높아지고 업무의 효율성도 좋아졌단다. 나 역시도 그런 변화를 경험했다. 하루 중 오롯이 나에게 집중할 수 있는 새벽은 고요를 회복하는 시간이다. 하루를 계획하고 나를 긍정하는 루틴으로 새벽을 보내고 나면 다시 시작할 용기를 얻는다. 앞으로도 나의 도전은 계속될 것이고 생명이 끝나는 순간까지 그리 살 것이다. 결국은 해피엔딩이 될 것이니 넘어지길 반복하는 지금도 괜찮다.

책이 시키는 대로 살기

(독서)

아이가 걷기 시작하면서 제일 좋아하는 놀이가 구석진 공간에 숨는 놀이였다. 냉장고 상자로 집을 꾸며주었더니 그 안에서 한참 동안 놀았다. 자기만의 공간을 가지고 싶어 하는 것은 인간의 본능인가 보다. 버스에 올랐다. 좌석에 앉았는데 버스 가득 '관세음보살' 소리가 울려 퍼졌다. 운전기사가 틀었나? 하는 생각에 참고 있었는데 시간이 갈수록 귀에 거슬려서 참을 수 없는 지경에 다다랐다. 주변을 둘러보니 다른 이들은 아무렇지 않은 척 말이 없었다. 나 혼자만 불편한 것인지 잠깐 생각했지만, 더는 견딜 수가 없어서 소리의 진원지를 찾기 시작했다. 두리번거리다가 앞자리에 앉으신 할머님이 이어폰을 끼고 있는 모습이 눈에 들어왔다. 가까이 숙이고 들어보니

　　　　　　　　　　　　　　　　　　　박경화

그곳에서 나는 소리였다. 소리가 새어 나온다고 알려드리니 소리만 조금 낮췄을 뿐 끄지는 않았다. 그때까지 아무 말도 하지 않았던 버스 기사가 당장 끄라고 성화였다. 보다못해 이어폰을 뺐다가 다시 끼워드렸더니 이어폰이 작동되었다. 할머님은 이어폰이 정상 작동되는 것을 확인하고는 끝없이 되풀이되던 '관세음보살' 감상 모드로 돌아갔다. 아마도 아이가 좋아하는 구석진 곳과 냉장고 상자는 할머님이 감상하시는 관세음보살이랑 같은 맥락 일 것이다. 남에게 침해받지 않는 자기만의 세상, 즉 자기만의 다락방을 누구나 가지고 있다. 종교, 취미, 신념 등 그것이 무엇이든 우린 다락방에서 긴장을 풀고 자기만의 호흡을 되찾는다. 내 다락방은 집 근처에 있는 해맞이 역사도서관이다. 그곳에 있으면 여유로워지고 마음이 말랑말랑해진다. 서가에 꽂힌 책 냄새는 어떤 향기보다 달콤하고 평온하다. 살다가 문제에 부딪힐 때마다 책을 집어 드는 것은 오랜 습관이다. 독서를 통해 내 안의 답을 만난다. 그래서 다락방은 안전하고 비빌 언덕이다.

　사람들이 책을 읽는 이유는 다양하다. 지식을 쌓거나 취미로 읽기도 하지만 요즘은 단순한 취미를 넘어서는 독서로 자리 잡았다. 책으로 인생을 바꿨다고 하는 사람도 있지만, 책을 읽어도 변화가 없다는 이들도 많다. 독서가 단순히 글자를 읽는 차원을 넘어 그 안에 담긴 생각과 감정을 이해하고, 삶에 적용하는 과정임을 모르기 때문이다. 검색만 하면 단숨에 원하는 답을 얻을 수 있는 디지털 시대에 독서의 중요성을 말하는 것이 시대를 역행하는 것일 수도 있겠다. 하지만 경험상 독서는 단순한 지식을 쌓는다는 의미 이상이다. 대부분 책에는 작가 인생 전체의 통찰이 담겨 있다. 현실적으로 일일이 그들을 찾아가서 만날 수 없으니, 독서를 통해 지혜를 얻고, 삶에 적용해봐서 나에게 맞게 바꾸는 것이다. 하는 일이 감정노동이 심한 편이라 호흡곤란이 종종 일어났었다. 자기조절이 어려워서 생긴 사달이었다. 어긋나기만 하던 날은 계속되었고 존재감은 바닥을 쳤었다. 그렇게 살 수는 없어서 몸부림치듯 책을 찾아 읽었다. 어려움을 극복한 이야기가 처절할수록 묘하게 용기가 생겼다. 그들에 비하면 나의 힘듦은 미미했다. 난 그저 내 몸만 책임지면 될 일이었다. 그들은 심한 결핍 속에서도 외롭고 힘든 싸움을 견뎌낸 전사들이었다. 나를 지킬 방법을 생각해보았다. 현실은 그대로지만 세상을 대하는 태도는 바꿀 수 있었다. 부족하지만 있는 그대로의 나를 끌어안고 긍정하기로 했다. 새벽 시간에 나를 돌보는 일들을 이어갔다. 그 시간을 통해 조금씩 회복되고 있었다. 이제는 응급실 갈 일은 사라지고 일상을 견딜 정도가 되었다. 좋은 것들을 가까이할수록 삶은 좋은 방향으로 흐른다. 좋은 것의 으뜸은 역시 좋은 책이다. 특히, 요즘처럼 정보가 넘쳐나는 시대에 책을 통해 지식을 쌓고, 생각을 정리

박경화

하는 과정은 나를 지키는 방법이다.

책을 좋아하지만, 욕심나는 대로 집에 들일 수 없어서 도서관을
자주 이용한다. 읽다가 소장하고 싶은 책은 구매한다. 그렇게 곁에
두고 있는 책들은 문제에 부딪힐 때마다 다시 집어든다. 책은 내 안
에 있는 답을 만나게 해준다. 인간은 누구나 고통을 싫어하고, 고통
을 지켜보는 것도 괴로워서 외면한다. 나 역시도 마찬가지다. 하지
만 기꺼이 감당해야 할 고통 앞에서는 어땠는지 돌아보았다. 첫째
를 제왕절개로 출산했는데 아쉬움이 남아서 둘째는 자연 분만을 결
심했다. 두려움은 막연한 불안감에서 비롯되는 법이다. 출산 과정을
공부하면서 진통은 출산에 꼭 필요함을 알았다. 제왕절개 후 자연
분만은 위험하다고 해서 위기 상황에 대처할 수 있는 전문병원으
로 옮겼다. 성공한 수기들을 읽으면서 차근차근 출산 준비를 했다.
남편과 함께 분만 교실에 참여해서 출산을 도와주는 자세와 호흡법
을 배웠다. 평상시에는 출산 과정을 상상하면서 호흡을 조절하는 연
습을 반복했다. 그 덕분에 출산 당일, 새벽부터 진통이 시작되었지
만 당황하지 않고 평소와 같은 일상을 보낼 수 있었다. 저녁을 먹이
고 큰아이를 재우고 났더니 양수가 터졌다. 한밤중에 병원을 향하면
서도 불안하지 않았다. 새벽까지 진통이 이어졌지만, 분만 교실에서
배운 대로 점점 강해지는 진통을 호흡으로 조절하면서 견뎠다. 병실

은 평소 듣던 음악이 울려 퍼졌고, 마음은 평온을 찾았다. 남편이 탯줄을 끊고 연이어 들리던 아이의 울음소리에 뭉클했던 기분은 지금도 생생한 감동이었다. 돌아보니 나 역시도 감당해야만 하는 고통은 견딜 수 있는 사람이었다. 어느새 책이 시키는 대로 사는 나를 만났다.

박경화

아이랑 함께 커가는 중

어렸을 때 사진은 인상을 쓰거나 대청마루에 앉아 목 놓아 우는 모습들뿐이다. 시장가는 엄마를 따라가겠다고 고집 피우다 엄마를 놓쳤거나 괜한 심통을 부리다가 아버지에게 혼이 났었다는 이야기를 들었다. 귀엽고 사랑스러워야 할 네 살배기 꼬마 아가씨는 고집 피우고 떼를 쓰느라 말간 표정 지을 새가 없었다. 그때 한창 유행해서 어느 곳에서나 볼 수 있었던 못난이 인형을 닮았다.

오랜 세월이 지났어도 생생하게 기억에 남는 장면이 있다. 7살 무렵 엄마 따라 시장을 갔다가 빨간 망토를 걸치고 북을 치는 곰돌이 인형을 보게 된 일이었다. 인형을 보자마자 마음을 뺏겨서 걸음을 옮길 수가 없었다. 당장 사달라고 떼를 썼지만, 엄마는 선뜻 사주지 않았다. 이참에 버릇을 고치겠다는 생각이었는지 정말 돈이 없었는지는 지금도 알 수 없지만, 다음 장날로 미루셨다. 별수 없이 집으로 돌아왔는데도, 곰돌이 인형은 머릿속을 떠나지 않았다. 곰돌이를 갖고 싶어 엄마 기분을 맞추려고 애를 썼다. 시키지 않아도 꽁꽁 언 손으로 마루를 닦고, 마당을 청소하고, 귀찮은 심부름도 도맡았다. 하루하루가 어찌나 더디게 지나는지 달력에 동그라미를 그리며 애를 태웠다. 드디어 약속한 장날이 되었다. 행여 엄마가 오시나 해서 언덕을 얼마나 오르내렸는지 모른다. 한참이 지나서야 목을 늘어뜨리며 애타게 기다렸던 엄마가 돌아왔지만, 광주리 어디에도 곰돌이는 없었다. 이미 팔리고 없더라는 말만 되돌아왔다. 상처가 된 마음은 과자나 간식으로도 달라지지 않았다. 밤새 울어서 눈이 퉁퉁 부었고, 야속한 마음은 오랫동안 지속되었다. 그날 이후로 집착이 생겼다. 마음을 주었던 것들이 떠날 때마다 심하게 몸살을 앓았다. 하지만 살다보니 만남과 이별이 반복되었고, 이별의 상처는 집착으로 남았다.

아이가 태어나면서 집착은 아이에게로 옮겨갔다. 나밖에 몰랐던 내가 엄마가 되니까 우선순위가 바뀌었다. 누구보다 잘 키워내리라

박경화

는 욕심도 생겼다. 좋은 엄마가 되고 싶어서 육아서를 탐독했다. 연약한 아기에게 세상은 위험하다는 생각이 들었다. 아이랑 관계되는 모든 것들은 내 손을 거쳐야만 안심했다. 천 기저귀를 삶고 아이 옷은 손으로 빨았다. 유기농 식재료를 사용해서 이유식을 만들어 먹였고, 울리면 안 된다는 생각에 안고 업어서 키웠다. 그랬더니 아이는 손을 타서 바닥에 잠시라도 내려놓으면 자지러졌다. 친정엄마는 늙고 너무 멀리 계셨으며 남편은 출장이 잦았다. 긴 터널에 갇힌 듯 혼자만 하는 육아를 감당해야 했다. 외롭고, 힘들었다. 아이를 돌보느라 쉼을 가질 수가 없었던 몸은 통증으로 나타났다. 결국은 어깨랑 팔이 아파서 움직일 수가 없게 되었을 때 병원을 찾았다. 뼈주사를 맞고 진통제로 견뎠던 날들이 이어졌다. 기저귀를 갈고 우유를 먹였는데도 달래지지 않는 아이를 업고 문밖에서 남편을 기다곤 했었다. 우는 아이를 토닥거리며 바라봤던 초승달은 아직도 아리도록 슬픈 기억으로 남아있다.

　아이가 걸음마를 하면서부터 매일 동화나 동요를 외워서 부르거나 말하기 시작했다. 이를 지켜본 이들은 영재 테스트를 받아보라고 부추겼다. 누구나 자기 아이를 영재라 생각할 때가 있다는데 나 역시도 그랬다. 결국에 서초동까지 가서 테스트를 받고 언어 영재 과정을 수강하라는 권유를 받았다. 거리가 멀고 매일 아이를 데리고 다닐 엄두가 나지 않아서 포기했었다. 대신 어린이 영어 전문 서점을 자주 다녔다. 엄마표 영어가 붐을 일으킬 때였다. 욕심을 내서 집에서는 영어 동요를 들려주고 영어로 말을 걸었다. 매일 열심을 냈더니 아이의 입에서 영어 동요가 흘러나오고 영어로 자신의 요구를 말하기 시작했다. 하지만 애를 쓴 보람이 있다며 좋아했던 것도 잠시였다. 어느 날 아빠 말에 반응하지 않아서 아차 싶었다. 말로만 들었던 언어 혼란 상태가 된 것이었다. 아이를 위한다고 했던 일이 독이 되었다. 그때부터 남을 따라 하던 육아 방식을 바꿨다. 아이를 데리고 밖으로 나갔다. 백화점 문화센터, 어린이 박물관, 미술관 등을 다니며 아이의 흥미를 찾기 시작했고, 놀이터에 가서 모래놀이를 하고 공원을 산책하면서 풀과 나무, 개미가 줄지어 가는 모습을 관찰했다. 놀이터에서 함께 놀던 친구들을 집으로 초대해서 신문지 찢기 놀이, 욕실 물감 놀이를 했다. 온종일 그렇게 놀다 보니 자연스럽게 말도 늘고 삐뚤빼뚤한 글씨로 엄마를 사랑한다는 편지도 선물했다. 자주 읽어주었던 그림책을 외우더니 아이가 그림책을 들고 읽는 흉내를 냈다. 아이는 편지를 쓰기를 즐기면서 한글을 익혔다. 남편을 기다리며 아이랑 그림책을 읽었고, 아빠를 찾는 아이의 음성을 카세트에 녹음시켜서 그리움을 저장했었다.

돌아보면 아팠고, 외로웠지만 엄마가 되면서부터 아이랑 함께 성

박경화

장하고 있었음을 알게 되었다. 나밖에 몰랐던 내가, 아이들의 엄마로 살게 돼서 참으로 감사한 시간이었다. 욕심과 집착을 내려놓으니, 아이도 나도 자유롭고 행복해졌다. 지금은 엄마의 손길이 그다지 필요하지 않을 만큼 자라서 아이들이 차지했던 시간은 나로 채우고 있다.

사랑했던 것들을 차례로 떠나보내면서 만남과 이별은 양면의 동전 같다는 생각이 들었다. 나를 떠난 인연은 원래 자리로 돌아간 것이니 그대로 놓아주기로 했다. 떠난 빈자리는 사랑하는 인연으로 다시 채우고 그들과 함께인 지금을 충분히 사랑하고 누리기로 했다.

나를 찾아서
(글쓰기)

칠남매 중 막내로 태어났다. 아들이 둘이나 있었는데도 늦둥이를 낳으신 이유가 태몽도, 뱃속에서 움직임도 아들 같아서라는 말을 전해 들었다. 아들이라는 기대 덕분에 세상 구경을 하게 된 셈이었다. 출생의 비밀을 알게 되면서부터 눈치를 보게 되었다. 세 살 터울의 오빠는 초등학교 때 상이란 상을 다 휩쓸 만큼 우수했고 잘생기기까지 해서 집안의 자랑이었다. 그에 비해 내세울 것이 없는 나는 늘 기가 죽었다. 그럴수록 마음은 인정욕구가 불탔고, 잘난 것들을 못 견디는 질투의 화신이 되어가고 있었다. 그런 성향은 집착과 소유욕으로 변했고, 드러나지 않게 열등감을 꾹꾹 누르는 내성적이고 냉소적인 사람이 되었다. 외로움도 싫고, 사람들과 섞이는 것도 힘

박경화

들었다. 사람들 속에 있어야 했던 날은 마음이 너덜너덜해졌다. 그런 날은 혼자서 오랜 시간 웅크리고 있어야 기운을 차렸다. 하지만 평생 그렇게 살 수는 없었다. 혼자 있는 시간에 나를 들여다보게 되었고 그 덕분에 나는 어떤 것을 좋아하는 사람인지를 생각하게 되었다.

어릴 적 고향 시골에는 도서관이 없었다. 눈만 뜨면 밖으로 나가서 놀기에 바빴다. 팽이치기, 연날리기, 칼싸움, 고무줄놀이, 잣 치기, 딱지치기, 구슬 놀이를 하며 온 동네를 누비고 다녔다. 그렇게 놀다가 학교에 입학했고, 방과 후 남아서 학교 이곳저곳을 구경하다가 신기한 곳을 발견했다. 오래된 교실 하나에 책을 여기저기 쌓아두고 도서실이란 팻말이 붙어있었다. 호기심에 들여다봤더니 선생님 한 분과 아이들 몇몇이 책상에 앉아 책을 읽고 있었다. 책장 넘기는 소리 외는 아무 소리도 들리지 않아서 궁금증에, 자석에 이끌리듯 교실 문을 열고 들어갔다. 눈에 띄는 그림동화를 집어 들고 책상에 앉았던 것이 독서 시작이었다. 백설 공주, 신데렐라, 인어공주로 시작했던 독서가 위인전, 전래동화로 이어졌다. 그날 이후로 학교가 끝나면 도서실을 찾았고 문을 닫을 때까지 책을 읽었다. 한창 재미있는 부분을 읽을 때 정리를 해야 했다. 집으로 돌아오는 길은 다음 이야기가 궁금해서 애가 탔다. 드라마가 끝날 때 느꼈던 갈증, 그것과 닮았었다. 학교 못 가는 주말이 싫었을 만큼 책이 좋았다. 책을 읽을 때는 누구도 신경 쓰이지 않았다. 부모님의 자랑이었던 잘난 오빠도 예쁘고 공부까지 잘했던 친구도 나와 상관없는 일이었다. 도서실은 나의 아지트였고 책은 나에게 말을 걸어주는 다정하고 지혜로운 친구였으며, 있는 그대로 나를 품어주는 단짝이었다. 그 안에서 상처받은 마음을 위로받고 꿈을 키워갔다

좋았던 기억을 떠올리다가 책이 생각났다. 어린 시절, 애틋했던 독서는 아이를 가졌을 때 육아서와 태교 동화로 이어졌었다. 그러다가 갱년기에 접어들면서 본격적인 독서를 시작했다. 혼자 하는 독서는 포기가 쉬워서 궁리 끝에 인문학 밴드에 가입했다. 꾸준함을 지키기에 함께 하는 힘은 필수였다. 밴드에 올라오는 글을 읽고 공감과 댓글을 달았다. 처음에는 독서 중에 마음을 흔드는 문장을 밴드에 공유하며 생각을 기록했다. 내 글에 공감과 댓글이 달렸고 그 힘으로 독서를 이어가고 글을 올렸다. 선순환이었다. 독서와 글쓰기는 실과 바늘처럼 이어져 있었다.

속상한 일이 있거나 특별한 감정이 들 때면 글을 썼다. 글을 쓰다 보니까 억울했던 마음도 가라앉고 세상을 향한 원망도 줄어들었다. 갈등 상황을 객관적으로 바라보게 되었고, 상처받은 나를 비난하던

일도 그만두었다. 책은 나를 더 깊이 이해하게 해주었고 집착도 줄어들었다. 지금도 괜찮다는 말에 있는 그대로의 나를 사랑하게 되었다. 지금은 내 안의 이야기를 블로그랑 브런치를 통해서 세상 밖으로 내보내고 있다. 공감과 다정한 댓글 덕분에 꾸준함을 지켜가고 있다. 나 역시 그들 이야기로 위로 받고, 그들 아픔에 마음을 내어준다. 사는 동안 나누어야 할 관심이고 다정함이다. 살다 보면 여전히 외로움에 빠지고, 잘난 사람들을 부러워하고 싱싱한 젊음을 질투하지만, 그것뿐이다. 나와 무관한 일들로 나를 괴롭히지는 않는다.

인생의 전환점엔 늘 사람이 함께였다. 글쓰기로 다가온 인연들 덕분에 글쓰기는 날개를 달았다. 직장을 다니면서 글을 쓰느라 주말과 공휴일, 평일 새벽을 모조리 반납했다. 10여 페이지 쓰는데도 포기하고 싶은 충동과 절망이 불쑥불쑥 치밀었다. 혼자였다면 완주하지 못했을 것이다. 나의 첫 이야기는 그렇게 탄생했다. 작가는 동사이고 현재 진행형이란다. 첫발을 내딛었으니, 끝까지 붙들어야 할 나침판이다.

눈을 뜨자마자 가장 먼저 노트북을 켜고 앉는다. 이 시간이 좋아 매일 아침이 그리워지기까지 하는 요즘이다. 빈 문서 위에 깜박이는 커서를 바라보며 밤사이 머릿속에 맴돌았던 생각들을 복기한다.

글을 쓰는 시간은 오롯이 나에게 몰입하는 애틋한 시간이다. 오늘도 노트북 앞에 앉았다. 내일도 앞으로도 계속될 모습이다. 난 이렇게 조금씩 매일매일 내가 되어가고 있다.

박경화

좋아서 즐긴다
(독서모임)

처음 시작은 한 달에 한 권이라도 읽자는 마음이었다. 혼자는 읽다 말기를 반복해서 함께하는 힘이 필요했다. 주변에서 진행 중인 독서 모임을 찾았지만 한 곳도 없었다. '없으면 내가 만들자'라는 생각으로 2022년에 '책 나들이 밴드'를 만든 후에 독서 모임을 시작했다. 시작은 온라인 밴드 채팅방에서 문자로 진행했다. 독서 모임을 앞둔 전날에는 설레서 잠이 오지 않았다. 추천 도서는 벤자민 플랭클린의 '죽음의 수용소에서'였다. 내가 추천한 책이라 어떤 반응이 나올지 진행은 순조로울지 불안했는데 걱정은 기우에 불과했다. 이야기를 나누다 보니 두 시간이 훌쩍 지나갔다. 독서를 통해 함께 성장하길 바랐다. 밴드의 활성화를 위해서 하루도 빠짐없이 글을 썼다. 함께 읽고 싶은 책과 일상의 깨달음들을 포스팅했다. 꾸준함을 지키다 보니 독서는 일상이 되었다. 나아가 '하루 한 줄 쓰기', '독서 인증', '1일 1행'이라는 미션을 만들고 실행에 옮겼다. 돌아보니 생각만으로 할 수 있는 것은 없었다. 성장은 실행을 통해서 서서히 이루어진다. 독서를 통해 좋은 삶을 만들어가고 싶었고, 함께하는 힘을 믿었다. 그렇게 시작한 독서 모임에는 거리가 먼 분들이 참여하셨다. 부천, 인천, 발산, 구로···. 그분들 역시 나랑 같은 간절함이었다. 마음이 있다면 거리는 문제 되지 않았다. 문자 채팅으로 나누다가 'meet' 온라인 플랫폼으로 전환해서 화상회의로 이어갔다. 화상회의 장점은 외출 준비가 필요 없다는 것이었다. 오프라인 모임은 회원 간의 친밀도가 높아져서 지속성을 갖는다는 장점이 있었다. 코로나가 끝난 후에 오프라인으로 변경했다. 커피숍에서 했더니 주변 사람들도 신경이 쓰이고 집중도도 떨어져서 신정네거리역 근처에 있는 스터디 카페 회의실을 예약했다. 조용하고 지하철역 주변이라 접근성도 좋았지만, 한 달전에 예약하지 않으면 원하는 날짜에 이용할 수가 없었고, 취소나 연기도 번거로웠다. 궁리 끝에 자주 이용하는 구립 도서관에 대관 문의를 했더니 독서동아리에 가입하는 조건으로 3층 프로그램실 사용을 허락받았다. 한 달에 한 번, 두 시간 동안 독서 모임을 이어가는 중이다. 독서 모임을 준비하는 과정이 번거로워도 지속하는 이유는 만남의 기쁨 때문이다. 시작은 미숙했으나 해를 거듭할수록 우리의 이야기는 깊어지고 다양해지고 있다.

독서 모임을 한주 앞둔 일요일에 답사 겸 서서울 호수공원을 찾았다. 세상이 온통 봄꽃들로 가득한 4월 한낮이었다. 남편에게 함께 가자고 했더니 싫다며 엉덩이를 뺐다. 하는 수 없이 물 한 병을 챙겨 들고 혼자 나선 걸음이었다. 둘레길도 마음만 먹으면 다녀올 수 있는 곳인데 생각만큼 자주 가지 못했었다. 둘레길을 오른 지 10여 분도 지나기 전에 더워서 점퍼를 벗어들고 걸었다. 햇살과 바람에 취해 걷다가 맨발 걷기를 하거나 산악자전거를 타는 이들을 만났다. 산을 즐기는 모습이 풍경과 어우러져 아름다웠다. 저절로 콧노래가 나왔다. 흥얼거리며 걷다 보니 어느새 목적지였다. 공원을 두리번거리다가 서서울 호수공원 내에 있는 '몬드리안' 책방을 발견했다. 근처에 정자도 있고, 그늘지붕도 있어서 안성맞춤이었다. 다음 날 그곳에서 오프라인 첫 모임을 했다. 7명이 참석했고 독서 모임은 성공리에 끝났다.

인생은 매 순간이 선택이었다. 독서 모임을 만들고 이어가면서 다양한 사람들을 만나게 되었다. 추천 책을 통해 나누는 대화는 책의 이해를 깊게 만들어주었고, 독서의 지평을 넓혀주었다. 독서의 기쁨을 알게 되는 것은 덤이었다.

오늘도 눈을 뜨면 책을 펼쳐 든다. 다음 독서 모임까지 더 열심히 읽고, 생각하고, 기록할 것이다. 우리들의 만남은 앞으로도 계속될 것이고, 모임횟수가 거듭될수록 함께 나눌 이야기는 더 풍성해질 것이다. 독서 모임을 통해 우리는 점점 더 깊어질 것이다.

박경화

다시 청소를 시작하다

이틀 전 어깨 시술을 받고 병원 침대 신세를 졌다. 때마다 밥을 갖다 주면 먹고 약을 먹으라면 먹었다. 하릴없이 수면과 치료만을 반복하는 이틀이었다. 남편에게는 이런 호사를 언제 누려보겠냐며 너스레를 떨었지만 혼자 있으면 금세 우울해지곤 했다. 4개월 전 헬스장에서 덤벨 숄더 프레스 운동을 하는데 왼쪽 어깨에서 뚝 하는 소리가 났다. 통증이 느껴졌지만 대수롭지 않게 여기고 근육통 젤만 바르고 며칠을 견디다 허리랑 목까지 아파져 와서 한 의원을 찾았다. 침 몇 대만 맞으면 될 줄 알았다. 한의사 면담 후 사혈침으로 피를 뽑고, 부황에다 약 침까지 맞느라 한 시간을 훌쩍 넘겼다. 한의원을 나서는데 다리가 후들거렸다. 그렇게 4개월 동안 이틀에 한 번씩

침을 맞고 한약까지 먹었지만, 통증은 여전했다. 잠을 자다가 뒤척일 때면 왼쪽 어깨와 팔이 아파서 깼고 옷을 입고 벗을 때는 '악' 소리가 날 정도로 아팠다. 나날이 더해지는 통증에 어쩔 수 없이 전문병원을 찾았다. 어깨 힘줄이 끊어지고 염증이 심해 시술이 급하다 했다.

간단한 시술이라는 의사 말에 가볍게 생각했다. 시술 전 기본 검사와 목, 어깨, 허리 MRI 검사를 받았다. 한 시간 넘게 이어진 검사를 묵묵히 견뎠다. 귀마개를 썼지만, 기계음은 거슬렸고 차가운 금속이 닿자 소름이 끼쳤다. 하는 수없이 눈을 감고 좋은 기억을 떠올리려 애썼다. 따스한 기억에 빠져들 때 즈음 검사가 끝이 났다. 환자복을 입고, 남편의 염려를 뒤로한 채 수술실에 들어갔다. 수술실 냉기에 바들바들 떨다가 졸리면 자라는 이야기를 마지막으로 잠 속으로 빠져들었다. 깨우는 소리에 눈을 뜨니 수술실 밖이었다. 끝났구나 하는 안도감도 잠시, 심한 통증이 몰려들었다. 누군지 모를 이에게 원망하듯 속으로 웅얼거렸다. '간단한 시술이라면서요?' 진통제를 맞고도 한동안 끙끙댔다. 인간은 통증 앞에 얼마나 무력한 존재인지 조금 있으면 나아질 거라는 위로도 소용없고 짜증만 났었다. 그러다 한 시간이 지나고, 통증이 견딜 만해지니까 비로소 남편이 눈에 들어왔다. 아침부터 분주히 움직이느라 고단할 텐데. 점심도

박경화

거른 채 수술실 밖을 서성였을 텐데. 아프다는 불평까지 참고 견뎌준 그 마음이 미안하고 고마웠다. 괜찮으니 집으로 가서 쉬라 했더니 내가 좋아하는 단팥빵이랑 토마토주스를 사놓고 물병에 물을 가득 채운 다음에야 돌아갔다.

물리치료를 받은 후 침대에 누웠지만 잠들지 못하고 늦게까지 뒤척였다. 플래시 불빛에 돌아보니 야근 중인 간호사가 환자의 혈압과 열 체크 중이었다. 새벽 세 시, 피곤할 텐데 환자를 대하는 태도는 여전히 상냥했다. 직업의식이 돋보이는 그녀들 덕분에 안심한 날 새삼 나를 돌아보았다. 출근도 안 했는데 벌써 퇴근하고 싶다고 남편에게 말했더니 "언젠가는 출근하고 싶어도 할 수 없는 때가 올 거야."라는 말이 돌아왔다. 그날이 멀지 않았다. 나이는 일할 자유마저 빼앗는다는 사실에 씁쓸한 마음도 들었지만 아직 일할 수 있으니 행복했다. 퇴원 후 3개월에 한 번씩 주사 치료를 받기로 했는데 드디어 예약한 날짜가 되었다. 오후 반 차를 내고 병원으로 가는데 난데없이 비가 쏟아졌다. 바람까지 몰아쳐 우산도 소용없었다. 옷이 다 젖은 상태로 겨우 병원에 도착했다. 바깥 날씨와 상관없이 병원에는 아픈 사람들로 넘쳐났다. 아파서 여전히 적응이 어려운 스테로이드 주사를 맞고 비에 흠뻑 젖은 채 집으로 돌아왔다. 욕실에서 머리를 말리다 거울 속 나와 눈이 마주쳤다. 물에 빠진 생쥐 꼴에 안색은 쓰러질 듯 창백했다. 그 순간 고통이 계속될 것 같은 예감에 눈물이 뚝뚝 떨어졌다. 침대에 쓰러지듯 잠이 들었다.

　시술을 앞둔 전날 일찍 잠이 든 탓인지 새벽 두 시에 깨고 말았다. 하는 수 없이 거실로 나와 다시 잠을 청했다. 어지러운 꿈들이 이어지다가 다시 깨어난 시각은 새벽 5시, 더는 잠이 올 것 같지 않았다. 자리를 털고 일어나서 화장실을 찾았다가 갑자기 청소를 시작했다. 한동안 소홀했던 공간이었다. 솔을 꺼내 들고 세제를 묻혀서 세면대부터 화장실 바닥까지 구석구석 문질렀다. 변기 뒤쪽의 찌든 얼룩과 벽타일 틈새 사이 피어있는 곰팡이까지 말끔히 씻어냈다. 마른 수건으로 물기까지 닦은 후에야 청소를 끝냈다. 온몸에 땀이 송골송골 맺혔지만, 속은 개운했다. 사는 것은 매일 수고가 필요한 집안일 같다는 생각이 들었다. 내버려 두면, 곰팡이가 피어나고 얼룩이 찌들어서 청소는 몇 배나 더 힘이 들게 되는 이치다. 청소를 마치고도 병원 예약 시간이 남아 있기에 글을 쓰며 불안한 마음을 다독였다. "건강을 지키는 방법은 누구나 알고 있다. 정성을 들이는 만큼 삶을 사랑할 수 있음을 이제는 알겠다."라고 글을 마무리하자 아침 해가 밝았다.

　허리 시술을 받기 위해 집을 나섰다. 고작 1박 2일을 비우는 데도 자꾸만 집이 돌아다 보였다. 어깨 시술한 지 1년 만이다. 미루면 큰 수술까지 하게 된다는 의사의 말에 서둘렀다. 병원으로 가는 도중에 깜빡이를 켜지 않고 불쑥 끼어든 승용차 때문에 깜짝 놀랐다. 흥분한 남편이 차창 문을 내렸다. 험한 말이 쏟아질 듯해서 늦겠다며 남편을 재촉했더니 큰 소란 없이 병원에 도착했다. 차례를 기다리는 동안 체한 듯 답답했지만 대수롭지 않게 생각했다. 검사받는 동안도 몹시 피곤했다. 시술 준비가 끝나고 병실에서 주사를 맞자마자 사달이 났다. 항생제가 들어갈 때 갑자기 쓴맛이 나더니 식은땀이 나고, 숨이 가빠 왔다. 언젠가 경험했던 호흡곤란이었다. 그 상태로 침대에 쓰러졌고, 비닐봉지로 과호흡을 조절했지만 소용없었다. 내과 의사가 달려오고, 시술 준비는 중단되었다. 산소 호흡기를 코에 달고, 주사기를 모조리 뺐다. 간호사의 정신 차리라는 소리와 병원이니 안심하라는 말에 희미해진 의식이 돌아오기 시작했다. 떨어졌던 혈압이 회복되고 호흡이 안정을 찾아갔다. 온몸은 식은땀으로 흠뻑 젖었다. 어지럼증 때문에 휠체어를 탔다. 심장 초음파랑 추가 검사를 했지만 이상 소견은 없었다. 검사를 마치고 병실로 돌아오는 동안 회복되었지만, 시술은 거절되었다. 대학병원에서 폐 정밀검사 후 소견서를 제출하라는 말만 듣고 병원을 나섰다.

어렵게 연차를 낸 탓에, 서둘러 당일 검사 가능한 병원을 수소문해서 이대 목동 병원에 도착했다. 입구부터 화려한 전구들로 꾸며

놓은 크리스마스트리가 반짝였지만, 마음은 착잡했다. 검사 영상 자료 CD와 진료 의뢰서를 제출했더니 호흡기 내과 담당의가 폐 문제는 아니란다. 다만 미주 신경성 실신일 가능성을 언급했다. 과로, 스트레스 관리가 필요하다는 말과 함께 시술 가능하다는 소견서를 써주었다. 추가 검사로 저 선량 폐 CT를 찍고 돌아왔다. 시술을 받겠다고 연락했지만, 한 달 더 지켜보자며 말만 돌아왔다. 병원에서는 당연한 조처지만 연차까지 냈기에 못내 아쉬웠다. 사는 동안 스트레스와 과로는 어쩔 수 없이 감당해야 할 몫이었다. 다만 위험에 빠지지 않도록 관리가 필요했다. 의사가 언급했던 '미주 신경성 실신'에 관해 찾아보았다. 원인은 장시간 과로, 불면, 피로, 정신적 스트레스 상황이나 복잡하고 폐쇄적인 공간에서 발생할 수가 있다고 씌어있었다. 경험상 체기가 느껴지고 복통이 생기다가 식은땀이 나면 곧바로 호흡곤란으로 이어졌었다. 그때는 외투를 벗어서 몸을 시원하게 해주었고 비닐봉지를 이용해서 과호흡을 조절하기도 했었다. 응급실로 향하던 차에서 저절로 회복이 된 적도 있었다. 전조증상은 그때그때 달랐지만, 원인은 같았다. 갱년기로 수면의 질이 떨어져 피로가 쌓이는데 운동을 멈추고 과로가 이어졌었다. 내버려 두니 몸에 먼지가 쌓이고 창문을 열어주지 않으니 마음에 곰팡이가 피는 건 아닐까. 세월에 흰머리가 내리는 것은 어쩔 수 없다지만 건강관리는 내 몫이었다.

박경화

그래, 청소를 시작하자. 소매를 걷어붙이는 마음으로 거실에 요가 매트를 깔았다. 유튜브를 틀어서 다이어트 스트레칭으로 몸을 풀어주고 데스파시토 음악에 따라 줌바 댄스를 시작했다. 전주가 흐를 때부터 자연스럽게 몸을 움직였고 반복되는 춤사위로 서서히 데워졌다. 춤 동작이 격렬해질수록 호흡은 가빠지고 땀이 흘렀지만, 춤이 끝나자 기분이 한결 나아졌다. 문득 전신 거울에 나를 비춰봤다. 비록 멈췄던 시간만큼 유연성이 떨어지고 실루엣은 무너졌지만, 땀에 젖은 모습은 이슬 머금은 풀잎처럼 푸르렀다.

연차를 냈던 5일 동안 병원 순례를 이어갔다. 증상은 달랐지만, 원인은 관리 소홀이었다. 다시 마음을 다잡았다. 그날 저녁 노트북 앞에있는 남편의 팔을 잡아끌고 저녁 산책을 나섰다. 한파주의보가 내린 날이라 공원은 한적했다. 둘밖에 없어서였을까. 남편이 속내를 꺼냈다. 얼마 전 회사 동료가 교통사고로 세상을 등졌다고 했다. 일이 바빠서 휴일도 반납하고 열심히 살았는데 그렇게 삶을 마감하는 것이 너무 허망하다고 했다. 그래, 한 치 앞도 모르는 게 인생 아니던가. 언제 어떤 식으로 마지막을 맞게 될지 모르지만, 그때까지 내게 주어진 기쁨을 즐길 거라고 마음먹었다.

산책을 마치고 기분 좋게 잠들어서일까. 5시에 저절로 눈이 떠졌다. 거실로 나와 고요한 풍경을 만끽한다. 눈만 마주치면 밥 달라고 온몸을 흔들어대는 거북이도 조용하고 벽시계만이 째깍째깍 초침 소리로 적막을 채운다. 느긋하게 커피포트에 물을 끓여 카모마일 차로 맑아지는 시간이다. 노트를 펼쳐 들고 끄적이다가 오랫동안 함께 하고 싶은 사람들을 떠올렸다. 바람은 삶을 사랑하게 한다. 돌아보니 몸이 하는 소리에 귀를 막고, 돌봄을 놓쳤다. 삶의 균형을 찾는 것이 급선무였다. 비싼 대가를 치른 깨달음이다. 당장 출근길부터 바꿔보자 싶었다. 남편 차를 얻어 타는 대신 지하철역까지 걸어가기로 했다. 도보로 35분, 걸으며 아침 풍경을 눈에 담았다. 희뿌옇게 밝아오는 아침 햇살 속에서 걷거나 달리는 사람들, 훌라후프를 돌리는 사람과 근력운동을 하는 사람. 그들이 뿜어내는 생기가 고스란히 스며들었다. 내쉬는 들숨과 날숨, 서서히 데워지는 몸, 두 발로 대지를 누리는 기쁨에 절로 콧노래가 나왔다. 마음의 일렁임에 발걸음마저 가벼웠다. 지하철역에 도착하니 기분 좋은 온기가 온몸으로 퍼졌다. 외투를 벗어들고 지하철에 올랐다. 뿌듯함이 가슴을 채우며 마음이 콩닥거렸다.

몸은 영혼을 담는 그릇이다. 매일 삶의 지꺼기를 청소하며 활기찬 삶을 이어가야 한다. 나를 사랑하는 좋은 습관을 매일 하나씩 만들어 갈 것이다. 그 시간이 차곡차곡 쌓여 결국은 더 나은 내가 되리라 믿는다.

박경화

좋은 삶

눈을 떴다. 하루 중 가장 좋아하는 새벽이다. 맑아진 몸과 마음으로 반납해야 할 책 한 권을 들고 식탁에 앉았다. 책을 펴면 어디든 서재다. 어제 반납 문자를 받았으니 오늘은 이별이다. 조바심을 내면서 채근하듯 책장을 넘겼다. 사람도, 책도 이별을 앞두고 허둥대는 걸 보면 미련이나 집착은 불치병이다. 마음에 담기는 문장을 기록하다 보니 어느새 아침이었다. 독서가 더딘 이유다. 아무리 바빠도 마음을 흔드는 글귀에 멈춰서 음미하고, 정리하는 과정은 필수다. 더하고 싶었지만, 남편이 일어났으니 책을 덮었다. 다 잘 먹고 잘 살자고 하는 노릇이니 민생고도 소중하다. 쌀을 담가 두었지만, 냉동실에 있는 굴이 생각나서 떡국을 끓이기로 했다.

어떻게 살 것인가? 하는 문제만큼 무엇을 먹을 것인지도 중요하다. 요리를 썩 즐기지는 않지만 집밥을 중요시하는 이유다. 식사는 몸의 허기를 넘어서는 소중한 의식이다. 부엌에서 들리는 뽀글뽀글 된장찌개 끓는 소리. 싹뚝 싹뚝 야채 써는 소리. 식탁을 준비하는 주부의 분주한 발걸음은 가족들에게 온기로 전해질 것이다. 마치 오늘도 힘내라는 기도처럼.

주말을 노트북에 코를 박고 보냈다. 밖은 추웠으며 밀린 일은 마음을 짓눌렀다. 누가 시킨 것도 아닌 자초한 일이다. 인증 글을 쓰고, 서평을 남기고, 뉴스를 보고, 함께 분노하고…. 그러다가 문득 감사와 운동이 빠졌음을 알았다. 변화는 몸이 먼저 알아챘다. 어깨와 목이 굳어져 뻣뻣하고 뱃살도 늘고 몸도 개운치 않았다. 시국 탓은, 그저 핑계일 뿐이다. 지금의 혼란도 언젠가는 안정을 찾을 것이고 위기도 극복될 것이다. 연일 뉴스는 최악의 불황이라고 겁주지만, 어려움은 늘 있었고, 지금까지 잘 견뎠다. 해야 할 일 열심히 하고 나를 내어주다 보면 사람 도리는 할 수 있다. 그러나 무작정 마음을 쓰면 힘도 고갈된다. 내가 사라진다는 느낌은 바닥에 주저앉게 만든다. 이럴수록 나를 일으키는데 신경을 써야 한다.

'스트레스 알 깨기'라는 교육을 들으면서 그림을 그렸다. 오른쪽 테이블에는 음악이 흐르는 라디오가, 왼쪽 테이블에는 따뜻한 차가

박경화

있으며, 노트북 앞에서 책을 읽는 내가 있다. 주변은 바람, 나무, 하트가 그려져 있고 얼굴은 은은한 미소를 띤 모습이다. 10명 남짓한 수강생과 두 시간 동안 받았던 힐링 교육이었다. 강사는 스트레스를 물리칠 알을 그려보라고 주문했었다. 차례가 되었을 때 나를 소개했다. 혼자 있는 시간에 에너지를 받고, 독서와 글쓰기를 통해 평온을 찾는다고 발표했다. 저마다 감당해야 할 몫은 누구에게나 있는 법인가 보다. 남편과의 불화, 빈 둥지 증후군, 가족으로부터 자유를 갈망하는 이의 부담감, 건강 악화로 인한 절망감, 인간관계의 어려움, 일에서 능력을 의심받게 되는 일 등등 혹자는 울먹였다. 위로의 말을 나누면서 서로를 다독였다. 강사가 이끄는 대로 활동에 집중하다 보니 나를 한 발짝 떨어져서 바라볼 수 있었다. 힘든 순간에는 의식하지 못했던 감정과 상황을 분리해서 바라볼 수 있었다. 스트레스 계단 올라가기라는 제목으로 5단계 해결책을 만들었는데 기록만으로도 한결 마음이 가벼워졌다.

결국은 해답도 내 안에 있었다. 부족한 나라도 괜찮음을 알겠다. 마음을 다칠 때마다 하게 되는 자책이나 자기 연민을 그만두기로 했다. 몸 맘은 다르지 않으므로 나를 돌봄은 필수이다. 음악 감상, 책 읽기, 산책 등 좋은 것을 자주 즐기고, 운동을 통해 심장의 박동을 느끼는 경험도 하루에 한 번씩 하기로 약속했다. 좋은 것들을 가까이 두면 내 삶은 점차 좋은 방향으로 흘러갈 것이다.

사랑

일과 중에 전화를 받았다. S 카드? 또 무슨 보험 영업이려니 짐작했다. "여보세요." "고객님, 결제가 한도 초과가 되어서 한도 상향을 해드리려고 연락드렸습니다." '한도 초과? 아! 아침에 딸아이가 시장 봐서 저녁을 준비하겠다고 했었지…' 그 카드는 아파트 관리비가 자동이체 되어 있었으니 한도 초과가 되었을 수도 있겠다는 생각이 들었다.

퇴근하고 현관문을 열었더니 부엌은 난장판이었다. 이름을 불렀더니 싱크대 앞에 2시간째 요리 중이라며 지친 표정의 아이가 돌아다보았다. 힘듦이 온몸으로 전해졌다. 전날 밤에 아빠 선물을 고민하다가 생일상을 준비한다고 했었다. 씻고 나오니까 그사이 남편도 퇴근해 있었다. 제 딴에는 시장보고 요리하느라 분주했을 것이다.

박경화

아직 못한 요리가 하나 더 있었다는데 그것까지 할 엄두가 나지 않는다고 했다. 아이가 준비한 저녁은 감바스랑 샐러드파스타였다. 좋아하는 음식을 물어보고 아빠 취향에 맞춰서 파스타에 불고기와 양배추 파채를 곁들였단다. 보기에도 먹음직스러워 보였다. 오후 간식을 먹은 뒤라 생각이 없었는데 식탁에 앉으니까 먹게 되었다. 초등학교 다닐 때도 파티 시엘 과정에 등록해서 요리를 해오곤 했었다. 그때도 지금도 요리에 재능이 있어 보였다. 제법 손맛이 느껴졌고 덕분에 맛있는 저녁을 먹었다. 저녁을 먹은 뒤에는 꼬막 손질과 양념장까지 만들고 자기 방으로 들어갔다. 벌써 저렇게 컸구나 싶어서 대견하고 감사했다.

아이를 키우면서 지칠 때마다 희생한다 여겼지만 돌아보니 내가 누린 행복 중 대부분이 아이들 덕분이었다. 아이 탄생, 옹알이와 눈맞춤, 걸음마, 엄마로 불리던 것까지. 수없이 감동적인 처음을 선물 받았다. 흔히들 자식 사랑은 내리사랑이나 짝사랑이라 하지만 내가 받은 사랑은 치사랑이었다. 그 힘으로 아이랑 함께 자랐다. 나보다 더 애틋한 존재가 있음을 엄마가 되면서 깨달았다.

아이를 길러봐야 부모 마음을 안다더니 우리 부모님도 그렇게 애면글면 키우셨음을 알겠다. 그날은 무척 고단했던 날이었을 것이다. 남편은 야근이고 아이들은 학원에서 돌아오지 않아서 불 꺼진 집에 혼자 덩그러니 남았었다. 욕실에서 대충 손만 닦고 냉장고를 뒤져서 눈에 보이는 반찬 한두 가지를 꺼내 허겁지겁 먹었다. 허기가 가시자 문득 거울에 비친 내 모습이 보였다. 소금에 절인 배추처럼 생기라고 없는 내 모습이 슬펐다. 한참을 울다가 엄마를 떠올렸다. 옆에 계셨더라면 이유도 묻지 않고 '내 새끼' 하면서 안아줬을 것이다. 엄마는 항상 내 편이셨다. 식탁 앞에서 밥숟가락을 놓고 울고 있는 나를 본다면 또 애를 끓이시겠다. 그런 생각에 얼른 울음을 그쳤다.

고집불통에 툭하면 울어대던 나를 키우느라 애를 태우셨던 부모님이셨다. 울음보가 터졌다 하면 달래다가 화가 나신 아버지가 회초리를 보여도 더 악을 쓰면서 울었다. 결국은 한 대 맞고서도 계속 우는 나를 업고 엄마는 얼른 밖으로 피하셨다. "아버지가 화내시면 잘못했다고 하지 무슨 고집을 피우는지. " 하시면서 목이 쉬도록 울어대는 나를 달랬다. 아버지 화가 가라앉을 때까지 집에도 못 가고 동네를 서성거리셨다. 울다 지쳐 잠이 든 나를 방에 눕히고 "얼마나 아팠을꼬…! " 하시며 쓰다듬는 엄마 손길에 안심하며 잠이 들곤 했었다.

밤이면 엄마를 가운데 두고 오빠랑 잠자리 쟁탈전을 벌였는데 혼자 주무시던 아버지는 그럴 때마다 나를 방으로 부르셨다. 아버지는 잠들 때까지 팔베개에 옛날이야기를 들려주셨다. 학교에 입학해

박경화

서는 교과서 커버를 달력으로 싸주셨고, 꾸벅꾸벅 졸고 있는 나에게 왕사탕을 입에 물려주며 한글과 수학 공부를 도와주셨다. 고등학교 때 야간 자율학습을 마치고 돌아올 때면 읍내까지 마중을 나와주시고, 숭늉을 가져오다가 그릇을 놓쳐서 발에 화상을 입었을 때는 리어카에 태워서 등교를 시켜주셨다. 돌이켜보면 아버지의 사랑도 내 삶 곳곳에 촘촘히 스며들어 있었다.

결혼식 날, 철딱서니 없는 난 활짝 웃으며 식장에 들어섰는데 늙으신 아버지는 나를 남편 손에 건네주고 돌아서서 눈물을 흘리셨다. 보통은 엄마가 운다는 얘긴 들었지만 무뚝뚝하셨던 아버지가? 그땐 이해가 가지 않았다. 친정에 가면 우리 막내 왔냐며 환한 미소로 반겨 주시던 모습은 지금도 눈에 선하다. 두 분 모두 돌아가셨지만 내 맘속엔 여전히 살아 계신다. 문득 그리움에 울컥해지면 돌아가고 싶은 따뜻한 기억이다.

두 아이의 어미로 살면서 부모님께 받은 만큼 아이들에게 베풀었는지 생각해 보았다. 사랑이라는 이름으로 내 욕심을 강요한 적도 있었으리라. 지금에서야 사랑도 받는 이가 사랑이라 느낄 때 제대로 전해지는 것임을 알겠다. 훗날 내 아이들이 고단해서 울컥해질 때 그리워지는 사람이 나라면 좋겠다. 우리 삶이 다하는 그 순간까지 더 열심히 사랑하며 행복해지고 싶다.

나를 지키는 힘

요즘 왜 그래요? 머피의 법칙이 왜 나한테만 착착 들어맞는 건지. 피곤해서 놓치고 계신 건가요? 아니면 혹시 애정이 식은 건지…? 그날 솔직히 당신 존재를 의심했어요. 나를 지키는 수호신이라면 내릴 역을 지나치기 전에 눈을 뜨게 해줬으면 고마웠을 텐데요. 늦어서 택시를 탈려고 했을 때 지하철이 더 빠를 거라는 걸 알게 해 줬더라면 좋았을 거예요. 아! 또 남 탓을 하고 있네요. 당신이 하신 일은 그럴만한 이유가 있었겠지요? 아마도 주의가 필요하다고 알리고 싶었을 거예요. 인력으로도 어찌할 수 없는 일에 너무 몰입하는 건 정신 건강에 해롭다는걸, 여유 시간이 필요한 일도 있다는 걸 말해 주고 싶으셨겠지요. 그래서 모든걸 책임지도록 했을 거예요. 곤란했

박경화

지만 회복할 수 있는 일이니 그나마 다행이에요. 당신이 함께한다는 걸 알아요. 기댈 언덕이 있다는 생각에 마음 든든해요. 당신이 보기에 아직도 물가에 내놓은 어린애처럼 제가 불안해 보이나요? 산다는 것은 그런 것 같아요. 이불 밖은 위험해도 세상 밖으로 나가야 하잖아요. 당신 덕분에 용기를 낼 수 있어요. 항상 곁에 있어 주세요.

오전 당직을 서야 하는 날이었다. 간밤에 잠을 설친 탓에 몸이 천근만근이었다. 지하철을 타고 한 시간 가까이 가야 하니 그때 잠시 눈을 붙이면 되겠다는 계산이었다. 버스에서 내려서 지하철을 타기 전까지 시간이 여유로웠다. 일어날 확률이 1퍼센트 밖에 되지 않는 나쁜 사건이 계속 벌어지면 머피의 법칙에 해당하고, 같은 확률로 좋은 사건이 계속되면 샐리의 법칙에 해당한다는데 그날은 전자의 경우였다. 지하철에서 평소처럼 글을 쓰고 유튜브 댓글을 쓰느라 내려야 할 정거장을 지나쳤다. 돌아가는 전철을 탔으면 덜 늦었을 텐데 택시를 탄 것이 실수였다. 조바심을 내니 택시 기사도 덩달아 염려했지만 다른 방법이 없었다. 월요일이었고, 우회도로가 없는 길이었다. 신호는 길었고 신호등도 많았다. 도착했을 때는 25분이 지나 있었다. 예상할 수 있는 나쁜 상황은 이미 벌어졌었다. 경위서를 쓰고 택시비도 많이 나왔다. 실수의 대가를 호되게 치렀다. 종일 얼굴이 화끈거렸다. 나로 인해 마음을 끓였을 이들에게 진심으로 미안했다. 자기반성으로 하루를 보냈다. 일주일 후 다시 오전 당직이 돌아왔다. 지난주 사달이 났던 것을 상기하고 더 일찍 서둘렀다. 지하철에서는 휴대전화를 꺼두고 잠을 자지 않았다. 눈이 뻑뻑하고 피곤했지만, 덕분에 30분 여유롭게 도착했다. 느긋하게 시작하는 이의 만족감이 느껴졌다. 평소에는 시간에 쫓겨서 숨이 턱턱 막히도록 달리곤 했었다. 조금 이른 출근은 풍경을 감상하며 걷다가 차를 마시는 여유까지 갖게 해주어 달콤했다.

　모든 일은 생각하기 나름이었다. 지금까지 일찍 출근하면 손해라는 생각을 했었다. 일터에 미리 도착하면 주변을 맴돌다가 5분이나 10분 전에 들어가곤 했었다. 그 일을 겪은 뒤에는 일찍 집을 나선다. 시간이 여유로우면 예기치 않은 실수도 수습할 수 있다. 가령 지하철에 내렸는데 화장실이 급하다든가 졸다가 정거장을 지나쳤을 때도 돌아올 시간이 충분하니 문제가 되지 않았다. '전화위복'이라는 말이 생각나는 하루였다. 익숙함에 긴장이 느슨해져서 나도 모르는 사이 균형을 잃었다. 그날은 여전히 아픈 기억이지만 흐트러지는 나를 돌아보게 해주었다. 삶의 흐름에 도태되지 않고 자신을 지키는 힘은 변화를 받아들이는 태도다. '고여있는 물은 썩기 쉽고 구르는 돌은 이끼가 끼지 않는다.'라는 말은 진리다. 어른으로 산다는 것은 나를 끊임없이 갈고닦는 과정이다. 세상이 내 맘 같지 않고 사방이

적이라고 느껴질 때가 있다. 한탄 대신 나를 돌아본다면 밖으로 향하는 손가락을 제외한 네 손가락이 자신을 향하고 있다는 것을 알게 될 것이다. 세상에 일어나는 일들은 의미가 있고 그 속에서 우리는 나날이 더 깊어져서 나를 지키는 힘을 갖게 된다.

종이책이 주는 기쁨

　서재가 있는 집이 부러울 때가 있다. 식탁에서 읽고 쓰다가 식탁을 비워줘야 할 때나 거실에 있는 책장을 채우고도 제자리를 차지하지 못한 책들을 집 곳곳에 쌓아두고 있을 때다. 조만간 날을 정해서 나누고 비워야지 하지만 선뜻 엄두가 나지 않는다. 책을 정리할 때면 마치 다정한 사람과의 이별처럼 아쉬워서 머뭇거리게 된다. 집착을 없앤 줄 알았는데 여전하다. 사고 싶은 책들을 만날 때마다 둘 곳이 마땅치 않아서 욕심을 꾹꾹 누르고 있다. 책을 소장하는 것은 여러 의미를 지닌다. 훌륭한 문장을 가진 종이책은 마치 내 편을 만난 듯 든든하다. 예기치 못한 문제에 부딪힐 때마다 책을 찾아 읽는다. 그럴 때면 책은 훌륭한 스승이 된다. 재독을 통해 새로운 의미를

박경화

찾는 기쁨 역시 크다. 깊이를 더해가는 독서를 통해 성장하는 과정이 즐겁다.

　요즘에는 전자책을 읽는 사람들이 늘고 있다지만 나는 여전히 종이책을 선호한다. 한 장 한 장 책장 넘기는 소리와 손가락에 닿는 질감은 책에 더 깊이 빠져들게 한다. 책을 읽다가 중요한 부분은 책 모서리를 접거나 밑줄을 그어서 표시하고 생각 메모나 그림을 그려 넣기도 한다. 그렇게 나만의 표식을 만드는 동안 더 애착이 생긴다. 종이책은 디지털 기기 사용 시 생기는 눈의 피로감이나 블루라이트로 인한 눈의 손상을 줄일 수 있다. 읽는 속도를 마음대로 조절할 수 있고 언제든지 꺼내 읽을 수 있다는 편리함도 종이책의 장점이다. 서점에 가서 책을 품에 안고 올 때 설렘은 마치 첫사랑을 만난 기분이다. 그런 이유로 앞으로도 종이책 사랑은 계속될 것이다.

　중국 송나라 때의 정치가이자 문인인 구양수는 글을 잘 짓는 3가지 비결로 '많이 듣고, 많이 읽고, 많이 생각하라' 했다. 지금까지 다독보다는 책이 주는 의미를 헤아리고 내 식으로 받아들이느라 독서가 대체로 더뎠다. 독서는 책이 주는 메시지를 나만의 방식으로 정리하고 일상에서 실행한다. 실행 후 나랑 맞는 부분을 일상 속에 스며들게 만드는 것이 독서의 쓸모라 여긴다. 그러다 보니 독서량이 부족하다는 생각에 조바심이 생겼다. 그때까지는 시간이 부족해서 책을 못 읽는다고 생각했다. 독서시간을 따로 내고 책 읽을 환경을 갖춰야만 독서를 했었다. 궁리 끝에 주어진 시간을 활용하기로 생각을 바꿨다. 틈새 시간을 활용하자는 생각에 집을 나설 때 책부터 챙겼다. 그래서 내 가방은 늘 큰 것을 고집했다. 요즘은 어깨가 아파서 천 가방으로 바꾸고 아끼는 가죽가방은 특별한 날만 사용한다. 틈틈이 읽었더니 책을 읽을 수 있는 곳은 모두 서재였다. 한 시간이 걸리는 출퇴근길 지하철 안에서, 버스로 갈아타면서도, 일과 중에 주어지는 30분 휴식 시간에도 책을 읽었다. 자투리 시간이 모이니 하루에 3시간이 확보되었다. 독서를 못 하는 이유는 시간이 아니라 마음이 없어서였다. 습관이 되니 독서가 일상이 되었다. 책을 읽고 중요한 문장을 기록했는데 기록이 쌓이다 보니 노트를 찾기도 번거로웠다. 고민하다가 책 여백에 메모를 시작했다. 덧붙이는 생각은 포스트잇으로 추가했더니 재독 시간을 줄여주고 입체적인 독후활동이 되었다.

좋은 삶의 기준은 저마다 다르다. 내게 좋은 삶은 매일 조금씩 나아지고 있다는 만족감이다. 성장하고 있다는 생각은 오늘을 살게 하고, 내일을 기대하게 한다. 그래서 매일 좋은 습관을 만들고 지켜가는 중이다. 기준이 생기니 시간을 귀하게 쓰며, 대가를 기꺼이 치르

박경화

게 되었다. 마치 사랑에 빠졌을 때랑 닮았다. 사랑은 세상의 중심과 우선순위를 바꾼다. 사랑에 빠지면 세상이 핑크빛으로 바뀌며 두근거림으로 하루를 시작한다. 인생의 주인공으로 살고 싶다면 세상을 사랑해야 하지만 우리는 관성대로 그저 그런 날들로 여긴다. 인생이 권태스럽고 지루하게 느껴질 때가 변화가 필요한 순간이다. 변화는 익숙함에 벗어나는 용기다. 삶을 흐르게 하는 가장 좋은 방법은 배움을 지속하는 것이다. 학창 시절에는 배움에 흥미를 못 느꼈지만, 지금은 하나씩 깨닫는 기쁨을 알겠다. 독서의 기쁨을 알고부터 종이책은 나의 가장 친한 친구가 되었다. 수많은 책이 빼꼭히 들어서 있는 도서관과 서점은 나의 다락방이다. 시간과 공간 제약 없는 저자와의 만남은 닫혔던 마음 깊숙한 울림으로 다가온다. 앞으로도 책을 통해 내 중심을 세우고 스스로 생각하는 기쁨을 누리고 싶다.

다시 봄이다

날씨가 변했다. 며칠 전까지 롱패딩으로 몸을 칭칭 감싸고 다녔다. 밤에는 전기장판을 미리 켜서 잠자리를 데웠었는데, 어느덧 영상 기온이다. 사람의 마음은 얼마나 간사한지 겨우내 애지중지했던 머플러는 답답하고 귀찮아졌다. 옷장 깊숙하게 넣어두었던 봄 점퍼를 꺼내 입었다. 다시 봄이다. 입춘, 경칩도 지나고 매화꽃 소식이 들려도 몰랐었다. 코끝에 걸리는 바람이 달콤해지고 손가락까지 꽁꽁 얼게 했던 매서움이 사라진 지금에야 봄이 왔음을 알겠다. 봄이 되었으니 멈췄던 운동도 시작하고 둘레길도 걸을 마음을 먹는다. 멈췄어도 다시 시작하고 싶은 것들로 삶은 충만해진다.

박경화

처음 산을 올랐을 때 혼자였었다. 남편도 등산을 좋아하지 않았고 뒷산 둘레길은 지루했었다. 네이버 검색으로 찾아낸 산악회를 구로에서 만났다. 5명이 나왔는데 그들은 이미 친해진 상태였다. 낯선 분위기를 싫어하면서도 혼자 산을 가는 게 엄두가 나지 않아 용기 냈었다. 산행을 시작하기 전에 의례적인 인사를 나누고 간혹 대화가 오고 갔지만 어색함을 떨쳐버리기가 어려웠다. 남들에게 나를 드러내기가 꺼려져서 묻는 말에 단답형으로 일관했다. 긴장 때문인지 산에서 느껴지는 자연과의 일치감도 느낄 수가 없었다. 혼자서 둘레길을 걸을 때는 멈춰서서 꽃향기도 맡고 노래도 흥얼거리며 내 속도에 맞춰서 즐겼는데 일행이 있으니, 그들을 따라가기에 급급했다. 좋은 풍경들은 눈가에만 머물고 마음에 담을 수가 없었다. 함께였지만 마치 물 위에 둥둥 뜬 기름이 된 기분이었다. 불편한 속내를 감추고 걷다 보니 시간이 더디게 갔고 발걸음도 무거웠다. 산행한 지, 세 시간이 지나고야 서서울 호수공원에 도착했다. 점심을 함께 먹자는 말에 핑계를 대며 부리나케 그곳을 빠져나왔다.

　일행들을 벗어나자, 마음은 평온을 찾았다. 호숫가의 물빛이며 하늘빛이 보였다. 휴일이라 봄나들이 나온 이들로 북적였다. 봄 햇살을 맞으며 뛰노는 아이들의 웃음소리, 다정한 연인들의 속삭임, 호수 주변을 산책하는 모습들이 눈부셨다. 문득 집에 있는 가족들이 생각나서 서둘러서 집으로 돌아갔다. 아직 점심을 먹지 않은 가족들과 함께 밥을 먹었다. 집에 빨리 오기를 잘했다는 생각이 들었다. 이후로 다시 뒷산 둘레길로 돌아갔다. 뒷산 둘레길도 마음을 내면 다른 코스로 종일 걸을 수도 있지만 한 시간 남짓 즐기다 돌아온다. 과욕 불급은 갱년기에 더 필요한 마음이다. 욕심을 냈다가 몸살을 앓았거나 무리가 되었던 경험을 떠올리며 몸과 마음을 돌보기로 했다. 대신 종일 걷기에 도전할 준비를 시작한다. 만 보 걷기랑 근력운동으로 걷기에 최적의 몸을 만들어서 도전할 생각이다. 출근길 걷기랑 계단 이용하기와 집에서 하는 운동으로 시작한다. 걷기에 최적인 하체 근력을 알아보고 지구력을 키울 훈련도 알아보았다. 단번에 이루기 어려운 과제들도 과제를 나누고 낮은 단계부터 차근차근 준비하면 무리를 피할 수 있다. 나이 듦에 숨어서 포기하는 대신 느리더라도 실행을 향한 발걸음을 내딛기로 했다. 오늘도 운동화를 신고 물한 병을 들고 집을 나선다. 나만의 속도로 즐기는 여유로움이 몸에 잘 맞는 옷을 입은 듯 편안하다.

박경화

내게 좋은 삶은
매일 조금씩 나아지고 있다는
만족감이다.
성장하고 있다는 생각은
오늘을 살게 하고,
내일을 기대하게 한다.

Chapter 2.

최영주

나를 움직이는 힘

안 되면 하지 마라

세상을 살다 보면 자기가 마음먹은 대로 되는 것보다 마음먹은 대로 안 되는 게 더 많다. 심지어는 마음먹은 대로 되는 게 하나도 없는 것 같기도 하다.

그럼에도, 무언가 계속 마음먹고 계획한다. 그렇게 세월이 흘러 한참 뒤에 몇 년 전 일을 돌아보면 그때 마음먹었던 계획이나 목표가 어리석거나 쓸데없는 거였구나 라고 생각될 때가 있다. 그리고는 그때 왜 그랬을까! 하고 회한의 미소를 짓거나 헛웃음을 웃는다. 만일, 일이 내 맘대로 안됐다고 아무 계획 없이 되는대로 살았다면 나는 살아온 세월만큼 성장 없이 나이만 먹었을 테고 그럼 에도 포기하지 않고 다시 계획하고 살아왔다면 내가 바라던 방향과는 다르더

최영주

라도 내게 어울리는 근사한 일을 하고 있을 가능성이 크다.

그렇다면 내가 세운 계획이 잘못된 것일까? 아니면 계획은 좋았는데 내 뜻대로 안 된 것일까? 둘 다 맞는 말이다. 계획이 잘못되었을 수도 있고 계획대로 됐으나 성과가 없었을 수도 있다. 왜냐면 계획보다 중요한 것은 결과가 어떻게 나왔냐이기 때문이다.

결과를 점검한 후 잘하는 건 더 잘해서 전문가가 되게 하고 못 하는 건 아예 안 하거나 최대한 하지 않는 것이다. 굳이 안 되는 걸 잘하려고 할 필요가 없다. 안 되면 하지 마라.

그런데 많은 사람이 자신이 잘하는 건 더 잘하려 하지 않고 못 하는 걸 연습해서 잘하려고 한다. 안 되는 게 그렇게 쉽게 고쳐지면 모든 사람이 못 하는 건 하나 없고 모두 잘하는 것만 있게 된다. 그 누구도 모든 걸 잘하는 만능인 사람은 없다. 안 되는 건 안 된다고 생각하고 일찌감치 단념하는 게 좋다. 다 잘하려고 하는 건 욕심이 아니고 어리석음이다. 몇 개만 잘하고 나머지는 취미생활 정도로 보통만 해도 성공하는 인생에 아무 문제 없다. 운동이 특기인 운동선수가 변호사가 되겠다고 운동시간을 허비하면 자신이 잘하는 것도 뒤처지게 되고 되지도 않을 일을 붙들고 불필요한 수고와 노력을 한 것밖에 안 된다. 자신이 원하는 행복이나 성공은 자신이 만족할 때 성취감을 느낀다. 여러 가지를 잘해서 모든 분야에서 최고라고 인정받고자 하면 그만큼 힘든 인생을 살아야 한다. 세상에는 큰일 하는 사람이 있는가 하면 작은 일하는 사람이 있다. 나는 나대로의 행복과 성공을 낮은 자리에서 낮은 단계부터 바라보는 게 현명하다.

많은 권력과 명예를 갖고 있어도 외로움과 괴로움으로 밤잠 못 잔다면, 그 사람은 남들이 봤을 때 성공한 사람일 뿐, 정작 자신의 인생은 헛살아 온 것이다.

나는 나를 돕기 위해 살아야 한다. 내가 잘 돼야 남도 도울 수 있다.

사회에서 나의 위치는 별로 중요하지 않다. 왜냐면 세상 사람들은 나의 존재에 별로 관심이 없다. 그저 이웃이나 동료로 여길 뿐이다. 고양이는 아무리 많이 먹고 운동해도 호랑이가 될 수 없다. 사람도 마찬가지다. 사람마다 성장에 한계가 있다. 한계를 넘어선 도전은 무모함이다. 익스트림 스포츠가 직업이 아니면 내가 할 수 있는 만큼만 하고 내가 잘하는 걸 하라. 내가 세운 목표가 아무리 작아도 안 되는 건 안 된다. 그러니 아무리 해도 안 될 목표로 자신을 학대하지 말고 작아 보여도 할 수 있는 것부터 하면 된다. 하다 안 되면 하지 마라. 누군가 잘하는 사람이 하게 하라. 나도 누군가 못 하는 일을 잘하고 있을 테니 말이다. 지금 내가 하는 일이 하찮아 보여도 누군가에게는 도움이 되며, 내가 안 하면 누군가 해야 할 일이다.

내가 잘하는 것을 하며 살고 싶은 인생을 사는 것이 내게 행복을 주는 삶이다.

최영주

망설이지 말고 결단하라

조직의 구성은 대부분 피라미드형으로 되어 있다. 최고 지도자가 있고 그 밑에 중간 관리자가 있고 그 밑에 하부 조직이 있다. 하부로 내려갈수록 사람이 많다.

목표와 방향을 정하는 사람은 경험 있고 능력 있는 한두 사람이 하고 나머지 사람은 그들이 정한 목표대로 그 사람의 생각과 방향을 따라가 주면 된다. 리더라고 다 뛰어난 사람은 아니고 항상 옳은 결정만 하는 것도 아니다. 중간 관리자나 조직원이 얼마나 협력하고 받쳐주는지에 따라 일의 성패가 갈린다. 즉, 리더가 목표를 정하고 조직원이 협력하여 한마음으로 목표를 향해 달려갈 때 그 일은 이루어진다. 리더는 함선의 조타수 같은 존재다. 조타수가 방향키를 어디로 돌리느냐에 따라 배는 동서남북 어디론가 움직인다. 먼 바다로의 항해는 많은 위험이 따르므로 무엇보다 신중하고 확신에 차 있어야 한다. 그래야 거친 풍랑과 파도를 이기고 성공적인 항해를 할 수 있다. 동해안을 지나 태평양 앞바다를 지나려면 당연히 동쪽으로 방향키를 돌려야 한다. 그런데 실수로 북쪽으로 돌리면 배는 북극으로 향한다.

리더에게는 어떤 상황에서도 일의 앞뒤를 살피는 적극적인 행동이 필요하다. 리더가 갈팡질팡하고 결정해야 할 때 결정하지 못하면 조직원은 리더를 신뢰하지 않는다. 파도가 높이 치고 풍랑이 일 때 배를 어떻게 움직일지 결정해야 한다. 선장의 판단과 결정에 따라 배가 좌초될 수도 있고 무사히 통과할 수도 있다. 그나마 큰 배는 몸집도 크고 경험 많은 승선원이 있어 의논이라도 할 수 있지만 작은 배는 몸집도 작고 의논할 사람도 없다. 있어도 의논하는 중에

배가 위기를 맞을 수 있다. 그래서 책임자의 위치에 있지 않으려는 사람도 있고 항상 남에게 미루는 사람도 있다. 만일 나 자신이 그런 사람이라면 리더 말고 참모를 하는 게 좋다. 훌륭한 참모가 배짱 없는 리더보다 낫기 때문이다. 좋은 펜이 중요한지 좋은 종이가 중요한지 의논해본들 결론은 내용이 더 중요함을 알게 된다. 리더나 참모나 타이틀이 중요하지 않다. 세상 모든 사람은 자신 일에 자신이 리더다. 자신의 미래를 위해 무언가 준비하는 사람이 있고 아무

최영주

것도 준비하지 않고 사회에 진출하는 사람도 있다. 사람마다 성장한 환경이 다르니 많이 준비한 사람도 있고 그렇지 않은 사람이 있게 마련이다. 그러나 준비의 많고 적음이 좋은 결과와 나쁜 결과를 결정짓지 않는다. 결과는 과정이라는 중간단계에서 대부분 결정되고 중간단계에서는 결과를 결정지을 중요한 일을 많이 한다.

결과를 결정짓는 중요한 일에는 선택과 판단이 있다. 여기서 많은 사람이 고민에 빠진다. 혹시나 잘못될까 염려하기 때문이다. 확신하건대 선택이나 판단이 자신만만한 사람은 아무도 없다. 어떻게 될지 모르는데 두려운 건 당연하다. 그렇지만 선택과 판단에 시간이 오래 걸리면 오히려 오판할 가능성이 크다. 무엇을 결정해도 어려움은 따르기 때문이다. 출근하기 위해 자가용을 이용하든 대중교통을 이용하든 장단점이 있듯이 고만고만한 장단점은 있다. 일단 잘 된다는 희망으로 망설이지 말고 빨리 결정하는 게 좋다. 많은 사람이 인생 공부를 한다고 독서를 하고 강의를 듣고 상담도 받으러 다닌다. 많은 것을 배우고 깨닫겠지만 배운 것을 자신의 인생에 적용하는 것은 극히 일부에 불과하다. 그마저도 배운 대로 안 된다. 사람마다 같은 상황에서 대처방법이 다르기 때문이다. 사람은 모두 각자의 인생이 다르다. 먹는 음식과 입는 옷은 비슷해도 삶은 다 다르다. 내 삶은 내 삶으로 소중하고 특별하다. 내가 무엇을 생각하고 무엇을 선택하는지에 따라 내 갈 길이 완전히 달라진다. 선택과 결정은 내 평생 해야 할 일이다. 진학, 취업, 결혼, 이사, 창업 등 오직 내 선택에 따라 결정될 내 운명을 내가 잘 선택해야 한다. 자신의 실력을 발휘하려면 선택을 잘해야 한다. 잘 못 선택하면 실력을 보여주기 전에 실패의 쓴맛을 본다. 실력보다 중요한 건 선택이다.

최영주

때를 기다려라

말을 하거나 글을 쓸때 이해를 돕기 위해 비유를 말하거나 예를 드는 경우가 있다.

나는 말이 많은 편은 아니지만 그렇다고 과묵하지도 않다. 잘 모르는 사람이거나 자주 보더라도 가까운 사이가 아니면 거의 말을 하지 않는다. 그렇지만 가깝게 지내는 사람이나 모임에서는 편안하게 말을 많이 한다. 말을 하다 보면 가끔 외래어도 나오고 줄임말도 나온다.

그리고 대화 내용에 따라 속담도 나온다. 그런데 대화할 때 말고 나 혼자만이 가장 많이 생각하는 속담이 있다. "바늘허리 매어 못쓴다."이다. 한국 사람은 대부분 성격이 급해서 느리거나 꾸물거리는 걸 못 참는다. 나도 마찬가지다. 무슨 일이 생기면 빨리 해결하려는 마음에 안달이 난다. 응급상황이라면 빠른 대처가 큰 도움이지만 일상적인 일에서는 너무 서두른다는 성급함도 있다. 그래서 잠깐 마음을 가라앉히면 "바늘허리 매어 못쓴다."는 속담이 종종 생각난다. 이 속담이 없었으면 나는 무슨 생각으로 마음을 가라앉혔을지 궁금하다. 이런 속담이 있는 걸 보면 우리 민족은 예나 지금이나 성격이 급한 건 확실한 것 같다.

다른 사람은 어떤지 모르지만 나는 느린것 보다 빨리빨리가 좋다.

속담은 예전부터 구전으로 전해오는 짧은 문장이다. 주로 경험을 통해 얻게 된 삶의 지혜로 교훈과 비유를 나타낸다. 속담은 남을 설득할 때나 가르칠 때도 적절히 사용한다.

또한, 일이 갑자기 꼬여서 안 풀리거나 어떻게 해야 하는지 막막할 때도 속담으로 해답을 얻기도 한다. 그리고 속담은 한 문장으로 여러 가지 의미를 담고 있다. 위 속담은 급할수록 천천히 하라는 말로 가장 많이 해석되지만, 잘못된 방법으로는 아무리 해도 안 된다는 의미도 담고 있다. 어떤 실도 바늘허리에 매서는 못쓰기 때문이다. 또한, 급할수록 천천히 하라는 말은 때가 될 때까지 기다리라는 의미도 있다. 나도 일을 하다 보면 실을 바늘의 허리에 매어 쓰고 싶을 만큼 급할 때가 있다. 예를 들면 약속시간은 다 됐는데 차에 기름이 없어 주유해야 할 상황이다. 주유하고 가면 시간에 도착하지 못

최영주

해 신뢰에 문제가 생긴다. 이럴 때는 차에 있는 생수라도 집어넣고 달리고 싶다. 갑자기 마음이 급해져 신경이 곤두서면 안 되는지 알면서 별생각이 다 든다. 물론 미리미리 준비하면 이런 일이 없겠지만 항상 완벽하게 살 수는 없지 않은가! 모든 일에는 그 일에 맞는 때가 있다. 그때까지 기다려야 한다. 그러나 그때는 아무도 알 수 없다. 미리 알고 싶은 마음에 실을 바늘허리에 매려 하는 것이다. 어린이가 설날에 세배하면 예쁘고 고마운 마음에 세뱃돈을 준다. 그러면 주는 사람은 뿌듯하고 받는 아이는 기뻐한다. 그런데 설날이 아닌데 세배를 하면 세뱃돈을 받을 수 있을까? 그 아이가 세뱃돈을 받으려면 다음 설날이 올 때까지 기다려야 한다.

버스나 지하철도 올 때를 기다려야 한다. 과실수를 발효시켜 음료로 먹고 싶어도 발효될 때까지 기다려야 한다. 내가 마음먹은 계획이나 목표도 때가 될 때까지 기다려야 한다. 어느 한순간에 일이 완성되지 않는다. 논에 볍씨를 뿌린 농부가 가을이 되어 황금벌판이 될 때까지 기다리듯이 기다려야 한다. 농부는 황금벌판을 상상하며 봄부터 가을까지 하루도 마음 놓지 않고 논에 신경 쓴다. 잡초도 뽑고 물도 대주고 병충해도 막아주고 하는 일이 많다.

그리고 뜨거운 여름을 지나 가을이 되면 비로소 황금벌판으로 조금씩 변해간다. 드디어 기다림의 보람이 열매로 맺히는 순간이 온 것이다. 경험이 많은 농부는 폭우나 가뭄이 올 때 어떻게 하면 피해를 줄일 수 있는지 방법을 안다. 농사짓다 보면 피할 수 없는 일이라는 것도 안다. 그렇지만 자연재해를 원망하는 농부는 거의 없다. 원망해봤자 피해 복구와 상관없는 신세 한탄만 하게 될 테니 말이다. 내가 세운 계획이 이루어질 때가 있다. 느긋하지도 서두르지도 말고 계속 전진하면 반드시 때가 되며 이루어진다.

최영주

물이 들어올 때 노저어라

그런데 많은 사람이 때를 기다리지 못하고 그만둔다.

여러가지 이유가 있지만 빨리 결과를 얻으려는 성급한 판단이 한 몫한다.

내가 고등학교 다닐 때 우리 집 바로 옆에 운동하는 체육관이 있어서 그 체육관에 2년 여를 다녔다. 그때 운동한 습관이 있어서인지 지금까지 헬스클럽에 다니며 꾸준히 운동하고 있다. 이런저런 이유로 중간에 안 다닌 적도 있지만 안 다니면 집에서 운동했다.

운동하러 가면 대부분 오는 사람만 계속 온다. 어쩌다 처음 보는 사람도 가끔 오는데 정착해서 오래 하는 사람은 드물다. 운동하는 사람을 보면 몸짱이나 비만한 사람은 별로 없고 그냥 평범해 보이는 사람이 대부분이다. 그러다 어느 날 비만한 사람이 와서 코치의 지도를 받으며 러닝머신을 열심히 타고 힘겹게 근력 운동을 하는 모습을 볼 때가 있다. 그러면 나는 속으로 그를 향해 '열심히 해서 꼭 살 빼세요.' 라고 응원한다. 그러나 나의 응원이 약했는지 단 한 명도 체중 감량해서 진득하게 다니는 사람을 못 봤다. 그런 사람이 일 년에 몇 명 있는데 어느 날 안 보이면 그 사람도 포기했구나. 라고 생각하고 만다. 자주 보는 일이라 이제는 그와 같은 사람이 새로 와도 기대도 안 한다. 또 어떤 사람은 십 년이 넘게 계속 보는데 십 년 전이나 지금이나 몸이 똑같다.

그 사람은 매일 빠지지 않고 정한 시간에 와서 굉장히 열심히 운동한다.

그런데 여전히 배는 불룩 나와 있고 근육은 발달하지 않은 그대로다. 재밌으니 하나 더 말하면 팔, 다리, 어깨 근육이 많이 발달 되어 보기 좋은데 배도 불룩 나온 사람이 있다. 그래서 몸 관리를 잘했다고 해야 하는지, 못 했다고 해야 하는지 볼 때마다 헷갈린다.

운동도 자신의 체질에 맞게 몸 상태를 살피며 알맞게 해야 한다. 그래야 부상 없이 단단한 몸매를 멋지게 만들 수 있다. 그렇지 않으면 세월만 지났지 달라진 게 거의 없어 허탈감만 든다. 투자 대비 수익이 거의 없는 것이다. 살을 빼기로 마음먹고 운동을 시작했으면 살을 빼야 하는데 막상 해보니 쉽지 않다. 운동도 하고 식이요법도

최영주

해야 하기 때문이다. 운동도 힘들지만 먹는 양도 줄여야 하고 그동안 좋아했던 음식 대부분은 못 먹는다. 그래도 각오를 굳세게 했으니 처음 얼마 동안은 참고 해보지만, 시간이 조금 지나면 내가 굳이 이렇게 힘들게 살아야 하나 하는 생각이 든다. 그러면서 초심이 흔들리고 의지는 약해져서 어느 순간 포기한다. 운동을 예로 들었지만 포기하는 모든 일이 비슷하다. 처음 각오로 목표를 이루는 사람이 많지 않은 이유다. 그래서 정상에 선사람, 목표를 이룬 사람이 존경받는다.

그들의 화려한 모습을 보면 부럽기도 하고 도전도 생긴다. 그러나 그들도 많은 실패와 좌절을 겪으며 포기했다, 도전했다를 반복했을 것이다. 어떤 일을 하다 보면 어제까지는 그렇게 힘들고 안 되던 일이 오늘 다시 해보니 아주 간단히 되는 일이 있다. 어제와 오늘 사이에 달라진 건 없는데 어제는 안 되던 게 오늘 되는 것은 포기하지 않고 한 번 더 했기 때문이다. 일이 쉬워져서가 아니라 내가 성장한 것이다. 물이 들어올 때 노를 저어라. 이 말은 물이 들어올 때까지 놀고 있으라는 말이 아니다. 물이 차기 전에는 노와 배를 점검하고 어디까지 노를 저어 갔다 올지를 생각해야 한다. 그리고 물이 들어왔을 때 노를 힘껏 저어 배를 목적대로 활용해야 한다. 어떤 일이든 되는 때가 있다. 안 될 때는 안 되는 게 느껴지는데 잘될 때는 잘되는 걸 모르고 지나간다. 그냥 힘겹게 살았다고 생각했는데 어느 순간 내가 성공해서 새로운 사람이 돼 있다. 만일 일이 잘되는 게 느껴지면 그때는 매우 조심해야 한다. 계속 잘 되는 줄 알고 오만함으로 일을 그르치기 쉽기 때문이다. 포기해도 좋고, 실패해도 괜찮다. 그러나 노는 갖고 있어야 한다. 물이 들어오면 또 저어야 하니까.

최영주

기회는 온다

무슨 일이든 처음 시작할 때는 대부분 어려움을 느낀다. 그렇지만 계속하다 보면 요령이 생겨서 안 되던 게 잘 되기 시작한다. 성인이라면 대부분 겪어본 경험이다. 달라진 건 없지만 계속하다 보니 어느 순간 잘 되고 있다. 물론 편차는 있지만, 시간이 지나면 다른 사람의 도움 없이 혼자서 잘할 수 있게 된다. 처음이 어렵지 조금 숙달되면 처음보다 어렵지 않고 힘들어도 인내심이 생겨 잘 이겨낸다. 그러다 어느 순간 너무 잘하고 있는 내 모습에 놀라게 된다. 바로 기회를 잡은 것이다. 새로운 것을 익힌 기회.

내가 남들보다 좀 못하다고 생각될 때나 크고 작은 갑질에 마음상할 때면 나도 언젠가는 기회가 온다고 생각한다. 남들 보다 잘되어 높은 자리에 있게 되는 기회. 그러면서 마음속에 소심한 복수를 꿈꾼다. 그렇지만 나도 그 위치가 되면 똑같은 사람이 될 수 있으니 개구리 올챙이 적 생각을 꼭 해야 한다. 내 마음을 상하게 한 사람도, 내게 갑질을 해 힘들게 한 사람도 기회가 오기를 바라는 건 마찬가지다. 그들도 스스로는 남에게 친절하고 겸손하며 좋은 사람이라고 생각하기 때문이다. 그리고 자신이 더 큰 피해를 보고 있다고 생각하기도 한다. 조직에는 상, 하의 체계가 있으니 밑에 있는 사람은 작은 간섭이나 질책에도 서럽게 생각할 수 있다. 그러나 칭찬받을 때도 있으니 공동체 생활의 한 부분이라 생각하고 잘 받아들이는 게 최선이다.

기회는 누구에게나 온다. 그럼 어떤 기회가 오기를 원하는가?

권력을 갖는 것, 명예를 누리는 것, 부자 되는 것. 아마도 이런 기회가 오길 바랄 것이다. 물론 그런 것도 좋은 기회다. 그러나 돈, 권력, 명예 등 고급 기회는 좀처럼 잡기가 어렵다. 아무리 기다려도 안 오는 것 같다. 그러나 권력은 없어도 되고, 명예보다는 착하고 좋은 사람이면 되고, 돈은 많지 않아도 된다. 타고, 자고, 먹고, 입는 것 등은 허영이나 허세만 없으면 최소한의 비용으로 얼마든지 잘살 수 있다. 좋은 옷도, 좋은 차도, 좋은 음식도 재료가 같거나 비슷한데 조금 더 멋있고 빛날 뿐이다. 건강한 기회, 진학한 기회, 취업한 기회,

최영주

좋은 친구가 있는 기회, 가족과 행복한 기회, 부모님께 효도할 기회, 주위 사람에게 친절할 기회, 따스한 아침 햇살을 보는 기회, 천변을 산책할 기회, 맛있는 음식을 먹을 기회, 좋은 사람과 카페에서 수다 떨 기회 등 하루에도 수도 없이 많은 좋은 기회가 있거나 기회를 누리고 있다는 사실은 알고 있는지 물어본다. 만일 이런 기회는 다 필요 없고 오직 부자 될 기회만 기다리고 있다면 평생 안 오거나 와도 못 잡을지 모른다. 내게 주어진 오늘 하루는 일평생 한 번뿐인 소중한 기회다. 오늘 내가 하는 모든 일은 내게 온 기회다. 오가며 스치는 사람들, 직장동료, 가족, 친구, 편의점 점원, 거래처 관계자, 먹는 음식 등이 나를 잘살게 해주는 기회다. 이렇게 나를 행복하게 해주는 기회가 이미 와 있는데 오기만을 기다리면 와 있는 기회가 서운하다. 삶이 힘들고 어렵다고만 생각하지 말고 이런 기회를 누리며 소소한 행복을 누려보자. 일상이 기회의 연속이며 새로운 기회를 만들어 준다. 작은 기회를 잘 활용하는 사람이 큰 기회를 만난다. 부와 권력 명예가 있어야 인생의 기회를 잡은 것이 아니다.

　이웃집 연로한 어르신께 평생에 몇 번의 기회가 있었는지 물어보라. 대부분은 좋은 기회가 없었거나 몇 번 있었는데 다 놓쳐서 성공하지 못했다고 할 것이다. 반대로 크게 성공한 사람에게 몇 번의 기회가 있었는지 물어보라. 나는 좋은 기회가 와서 잡은 게 아니고 목표를 이룰 때까지 악착같이 일해서 여기까지 왔다고 말할 것이다.

기회는 이미 와 있다. 와 있는 기회를 잘 누리자. 그리고 더 큰 기회
는 오는 게 아니고 만드는 것이다. 소소한 기회를 잘 누리는 사람이
더 큰 기회를 만들 수 있다. 기회를 누리고 더 큰 기회를 만들자.

최영주

긍정의 힘은 행동으로 나온다

어떤 일을 시작하자니 아직은 때가 아니라는 생각에 계속 미룬다. 그러다가 큰맘 먹고 도전했는데 처음부터 안 풀린다. 다른 사람들은 쉽게 술술 잘 풀리고 잘하는 것 같은데 왜 나는 안 될까 고민하다 고민이 깊어져 잠 못 이루지만 해결책은 떠오르지 않는다.

그러나 이때부터가 긍정의 힘을 발휘할 때임을 알아야 한다. 긍정이나 부정 같은 마음가짐은 어느 나라 교과서에서도 가르치지 않는다. 사회생활 하면서 경험으로 독서로 배운다.

긍정의 힘을 아는 것은 그 어떤 지식 중에서도 고급 지식이다. 긍정이 마음에 있는 사람과 없는 사람은 어려운 일이 생겼을 때나 갑작스러운 문제가 생겼을 때 대처하는 방법이 완전히 다르다. 긍정의 지식이 없는 사람은 문제나 시련이 올 때 화부터 낸다. 그리고 남 탓을 하고 회피하기에 급급하다. 그러나 긍정의 지식이 있는 사람은 자세나 태도가 의연하고 표정 변화도 거의 없다. 그리고 어떻게 하면 이 문제를 지혜롭게 해결할지 생각한다. 즉, 문제의 원인을 따지느냐, 문제의 해결점을 찾느냐로 구별된다.

긍정의 힘을 잘 활용하려면 마음속에 긍정이 있어야 하며 긍정의 마음을 행동으로 옮겨야 한다. 긍정은 막연히 잘 된다는 희망 사항이 아니다. 긍정의 행동은 수단과 방법을 가리지 않고 불법으로라도 억지로 되게 하는 것이 아니다. 문제를 해결하거나 목표를 이룰 때까지 되는 방법을 계속 찾는 것이다. 그 어떤 전문가가 계획을 세워도 완벽하지 않다. 중간에 시행착오 있고 잘 못 되기도 한다. 반드시 수정 보완이 필요하며 끝내는 계획과 많이 어긋난 결과를 내기도 한다. 개울가에 흐르는 시냇물이 일직선으로 똑바로 흐르지 않고 굽이굽이 흐르듯이 우리 삶도 마찬가지다. 결코, 평탄하지도 순탄하지도 않다. 잘 되다가도 안 되고 이제 좀 풀리려나 싶다가도 안 풀린다. 도대체 감 잡을 수 없고 무엇이 문제인지 모르겠다. 이유는 많은 사람이 살고 있기 때문이다. 세상은 돌고 돌아 내 것이 남의 것이 되고 남의 것이 내 것이 된다. 그러니 모두에게 비슷한 혜택이 돌아가려면 결정적인 순간에 안 되기도 하고 잘되기도 한다. 처음부터 끝까지 다 잘되지 않는 이유다. 내 뜻이 선하고 목적이 정의로워도 누

최영주

군가를 위해 내가 손해 볼 수 있고 내가 한 노력에 비해 더 얻을 때도 있다.

문제 해결이나 목표를 이룰 때까지 되는 방법과 해결의 실마리를 찾는 것이다. 문제를 해결하다 보면 멀리 돌아갈 때도 있고 때로는 다른 길로 가야 할 때도 있다. 그러다가 알지 못했던 새로운 방법도 알게 되고 걷지 않았던 길도 걷게 된다. 원하는 바를 이룰 때까지 강한 집념으로 이뤄가는 것이다. 그러다 결국은 실패할 수도 있다. 그렇지만 실패를 교훈 삼아 다시 일어서는 것이다. 내가 세운 계획을 이루기 위한 좋은 방법은 이미 한 번 해보았다고 생각하면 된다. 분명히 쉽지 않은 과정이 있고 힘들고 어려운 일이 있었을 것이다. 이미 해봤다고 생각하고 추진하면 문제나 어려움이 생겼을 때 해결하기가 수월하고 목표를 이룰 가능성이 커진다. 반면 부정의 힘은 두려움이다. 하던 일에서 조금만 벗어나도 안 된다고 하거나 쓸데없는 일이라고 반대한다. 새로운 일을 먼저 시작하는 것에는 용기도 없고 의지도 없다.

그러나 더욱 안타까운 것은 긍정의 힘도 부정의 힘도 없는 사람이다. 그저 시키는 일만 하고 손가락질만 안 당하면 된다고 생각한다. 물론 그럴싸한 말 같지만 좋은 생각이 아니다. 나는 이 세상 최고의 존재다. 내 삶의 주인공은 나다. 나를 위해 긍정적인 행동을 해야 한다. 나를 위로하고 격려하고 내게 힘을 주어야 한다. 긍정도 부정도 생각에서 오기 때문에 긍정의 행동으로 부정의 생각을 이겨야 한다.
행동이 생각을 이기기 때문이다. 긍정의 힘은 나를 능력자로 만든
다. 긍정의 힘으로 나를 움직이자.

최영주

지혜와 지식

어린 시절에 재미있게 읽었던 동화를 보면 토끼나 다람쥐가 자신보다 훨씬 큰 동물인 늑대나 호랑이의 위협으로부터 최고로 위험한 순간에 가까스로 벗어나는 장면이 나온다.

동화책을 읽고 있을 아이들의 집중력을 높이기 위해 큰 동물의 실수 같은 어처구니없는 행동도 나오고 재미를 더 하기 위해 작은 동물의 영리한 행동도 나온다. 그리고 작은 동물이 큰 동물의 위협으로 벗어나는 장면은 동화 속 절정으로 아이들의 집중력이 가장 많이 쏠리는 곳이다. 그 순간 작은 동물은 큰 동물을 물리치고 위기를 모면하는데 그것은 정면 대결을 하지 않고 대부분 잔꾀를 내어 큰 동물을 속이거나 따돌려서 위험에서 벗어난다. 만일 동화의 재미를 위해 억지로 작은 동물이 큰 동물과 싸워 매번 이기는 것으로 끝나면 아이들의 상상력으로라도 쉽게 수긍하지 않을 것이다. 동화책이라는 허구의 내용으로 아이들에게 꿈과 소망을 길러주고 동화 속 주인공이 되어 나도 저렇게 해야지.라는 지혜를 가르치기 위함이다.

사람 사는 세상 법에서도 남의 물건을 훔친 사람은 법대로 처벌을 받는다. 그런데 법에도 눈물이 있다는 말이 있듯이 훔친 사람의 사정을 살펴 같은 범죄라도 형량이 달라진다. 그저 자기 욕심으로 남의 것을 더 갖기 위함이면 감형이 안 되고, 갖은 게 없고 너무 배가 고픈 나머지 생존을 위해 남의 것을 훔쳤다면 어느 정도 정상이 참작되어 형량이 조금 낮아진다. 같은 범죄라도 상황을 고려하기 때문이다. 그러나 상황은 무시한 채 법대로 처벌해도 되지만, 굳이 그렇게 하는 것은 약자를 보호하기 위한 배려. 큰 동물이 작은 동물을 이기는 것과 같은 범죄에 같은 형량을 매기는 것은 당연한 이치다. 그런데 여기서 큰 동물이 작은 동물을 이기는 것과 법대로의 집행이 지식대로의 행동이라면, 작은 동물이 큰 동물을 이기기 위해 잔꾀를 쓰는 것과 사정을 살펴 형량을 가볍게 하는 것은 지혜 있는 행동이라 할 수 있다. 만일 지식대로의 삶만 있다면 사랑도 인정도 배려도 다 필요 없어진다. 그러면 팍팍하고 냉정한 사회가 된다. 일평생 학문에 매진해 지식으로 가득한 사람은 학자나 연구원 과학자 등으로 그 분야에 꼭 필요한 일을 담당한다. 그러나 자신이 갖은 지

최영주

식은 직업이나 직장 이외에는 별달리 쓸 수 없다. 지식을 자랑하고 자 아는 척하면 잘난 척한다고 되려 핀잔만 듣게 된다. 또 지식은 머 릿속에 있어 표시도 안 나고 얼마나 있는지 보이지도 않는다. 그러 나 지혜는 말이나 행동으로 표시 난다. 아무리 지식이 많은 지식인 도 대인관계나 취미생활을 위해서는 상황에 맞게 행동하는 지혜가 필요하다. 우리 사회는 다양한 사람과 직업이 있고 복잡한 사회구조 로 얽혀 있다. 그래서 남의 도움 없이 자신의 지식만으로는 살 수 없 고 오히려 고립된 생활을 해야 한다. 사회생활은 수학 공식처럼 어 떠한 상황에서도 같은 값이 나오는 이론이 적용되지 않는다.

사람의 마음도 변하고, 주변 환경도 변하고 나도 변하기 때문이 다. 그저 같은 상황에서는 같은 결과가 나온다는 원칙적인 생각만 한다면 답답한 사람 소리를 듣는다. 같은 노래를 불러도 누가 부르 냐에 따라 듣는 사람의 감정이 달라진다. 그것은 노래를 잘하고 못 하고가 아니라 노래를 얼마나 이해하고 감정을 표현했는지에 따라 노래의 맛이 달라지기 때문이다. 비록, 지식이 많지 않더라도 적은 지식을 지혜롭게 활용하는 게 더 지식 있는 사람처럼 보인다.

그리고 지혜 있는 행동은 잔꾀 부림이 아니다. 오히려 지식 없이 는 지혜로운 행동을 할 수 없다. 지식이 있어야 지혜로울 수 있는 것 이다. 지혜 있는 사람은 표정이 밝고 환하다. 감정 조절을 잘하고 화 를 잘 내지 않는다. 이해심이 많고 친절하고 상냥하다. 그러다 보니 주위에 사람이 항상 많고 그런 사람과 친해지려 한다. 지혜 있는 말과 행동은 그 어떤 지식보다 우선한다. 그리고 사람은 사람을 판단할 때 지식보다는 지혜로운 모습에 매력을 느낀다. 지식을 잘 활용하는 지혜로운 사람이 되자. 인생이 즐겁고 좋은 일이 많이 생긴다.

최영주

변화는 성장이다

우리의 진로나 직업은 한번 정하면 다시 바꿀 수 없는 영원불변한 게 아니다.

자신의 계획과 생각에 따라 얼마든지 바꿀 수 있다. 그렇다고 수시로 직업을 바꾸는 게 좋은 건 아니지만 더 좋은 계획이 있다면 과감히 바꿔야 한다. 잘못될까 염려하여 맞지도 않는 일을 억지로 하는 것보다 바꾸는 게 낫다. 변화의 필요를 느끼고 변화하는 것은 자신에게 매우 유익하다. 어떻게 변화하느냐에 따라 인생이 달라지기 때문이다. 변화도 도전도 할 수 있을 때 해야지 시기만 저울질하다 때를 놓치면 아무것도 못 한다. 나중에 아쉬워하며 후회해도 그때는 아무 소용없다. 때를 놓치지 않기 위해서는 항상 깨어 있어야 한다.

일상이 반복되고 별다른 일 없이 평탄하고 안정되어 있어도 항상 미래를 내다보며 어떻게 바뀔지 모를 상황에 대비해야 한다. 그러면 다가올 미래가 기대되며 잔잔한 자신감이 항상 마음에 있다. 나는 가만히 있어도 누군가가 세상을 변화시킨다. 없던 게 생기고 낡은 것은 사라진다. 그런 변화에 따라가지 못하면 편해진 세상에서 불편하게 살아야 한다. 너무 자주 변하다 보니 변화되는 세상 속에 살아남기 위해서는 나 또한 변화를 성장 도구로 삼아야 한다. 인생에는 굴곡이 있어 힘들고 어려울 때 자신을 한탄하며 남과 비교하게 된다.

　하필 그때는 모두가 다 나보다 잘살고 있는 것처럼 보인다. 아무 문제 없고 평화로워 보인다. 그러나 그 순간 누군가는 내가 잘 나가는 사람처럼 보여 내 모습이 평화롭게 보이는 사람도 있을 것이다. 굳이 남과 비교해 잘하는 게 없다고 의기소침하거나 낙심하지 마라. 사람의 능력은 무한한데 능력 없다고 단정 지어 계발하지 않으면 평생 무능하게 살아야 한다. 능력은 생각에서 나오고 생각은 능력이 된다. 능력이란. 말 그대로 할 수있는 힘이다. 능력 있다는 이유 하나로 언제나 모든 것을 완벽히 해내는 게 아니다. 실수도 있고 잘못되는 일도 있다. 그러나 끝내 모든 어려움을 이기고 해내는 사람이 진정한 능력 있는 사람이다. 어려움을 이겨내 본 사람은 그 다음번에도 어려움을 이겨 낼 가능성이 크다. 반면 지쳐 쓰러진 사람은 그다

　　　　　　　　　　　　　　　　　　　　　최영주

음에도 지쳐 쓰러질 가능성이 크다. 딛고 일어서는지 주저앉는지에 따라 변화된 성장의 속도가 다르게 된다. 뜻을 이루기 위해 배우고 도전하다 보면 내가 어느 분야에 소질이 있는지 알게 된다. 몰랐던 잠재능력도 발견한다. 자신의 잠재능력이란 마음이 끌리는 일, 배우고 싶은 일, 내가 하면 잘할 것 같은 일 등으로 내가 느끼게 된다. 지금 하지 않고 나와 멀리 있어도 마음이 계속 끌리면 내가 잘할 수 있는 일이다.

우리는 어려서 구구단을 외울 때 2단부터 외웠다. 그런데 4단부터 외우고 5단부터 외우면 안 될까? 거꾸로 9단부터 외우면 안 될까? 물론 안될 이유는 없지만, 적은 숫자부터 큰 숫자로 올라가는 게 일반적이고 2단부터 앞에 있으니 자연스레 2단부터 외웠다. 평소에 하는 일도 더 좋은 방법으로 새롭게 할 수 있지 않을까를 연구하면 새로운 아이디어가 떠 오른다.

생각하지 않으면 변화할 수 없고, 변화하지 않는 성장은 없다. 성적이 올랐던, 매출이 올랐던 이전보다 변한 것이다. 변화한 결과이지 자연스럽게 된 것이 아니다.

습관이 몸에 배면 바꾸기 어렵고 생각이나 성격도 머리에 굳어지면 바꾸기 어렵다. 유연함이 사라지고 고정관념이 되어 내 생각과 다르면 틀렸다고 단정 짓는다. 이런 사람에게는 그 어떤 전문상담사도 치료하기 어렵다. 굳어진 생각을 아무리 바꾸려 해도 바꾸려 하지 않는다. 익숙한 게 편하고 좋으며 좋으면 만족하기 때문이다. 자신이 잘 모르거나 경험한 일이 아니면 해보지도 않고 안 된다고 한다. 그러면 변화를 통한 성장은 언제나 남 얘기가 된다. 유연한 생각으로 좋은 건 받아들인다는 마음을 가져야 한다. 목표를 이루기 위해 언제라도 무언가를 계속 생각하고 생각하면 변화를 주도하는 성장하는 사람이 된다.

최영주

원가근 불가근
(遠可近 不可近)

　우리나라 경제가 발전하면서 실질소득이 늘어나다 보니 가족 간
주거 형태가 많이 바뀌고 있다. 7, 80년대는 한 두칸 방에서 부모님
과 자녀 다섯, 여섯 명이 같이 먹고 자고 했는데 요즘엔 세, 네칸 방
이 있는 집에서 세, 네명이 산다. 이전보다 주택 수도 늘어났고 핵가
족으로 인한 가족 수도 감소했기 때문이다. 아울러 주거 형태나 일
자리가 다양해지고 교통이 편리해지면서 자기가 살던 고향 말고 전
국 어디라도 마음에 드는 곳이 있으면 갈 수 있기 때문이다. 사람의
이동이 많다 보니 집에 대한 개념도 많이 바뀌어 매매로 인한 소유
보다 일시적 거주 목적인 임대도 많이 늘어났다. 그러면서 가족 간
생활보다 나 홀로 생활이 많이 늘어났다.

사람은 독립된 공간에서 혼자 살 수는 있어도 공동체 사회 속에서는 혼자 살 수 없다. 누군가와 어울리며 만나고 부대끼며 살아야 한다. 어려서부터 만나는 사람과 교제를 하며 사회성을 기르고 대인관계를 맺어간다. 그러면서 자신과 맞는 사람과 친구도 되고 선후배도 된다. 이성이라면 결혼까지 한다. 사람이 사람과 어울려 사는 것은 자신과 남에게 서로 필요한 공존 현상이다. 그런데 다른 사람과 어울려 사는 게 꼭 필요하지만 어려울 때가 너무 많다. 인생 중에 가장 힘들고 어려운 게 대인관계와 금전 문제라고 생각한다. 사람과 어울리지 않고 살 수 없고 돈 없이 만족한 삶을 살 수 없기 때문이다. 금전은 살면서 꼭 필요한 도구이며 생존수단이다. 통장에 금전이 없으면 없는 대로 사는 사람도 있고 꽉 채우려고 애쓰는 사람도 있다. 그렇지만 금전이 없다고 금전을 저주하고 비난하지 않는다. 반면에 금전이 많다고 금전에 사랑을 고백하고 예쁜 꽃다발을 선물하지 않는다. 왜냐면 금전은 감정도 없고 말도 못 하는 거래 목적의 수단이기 때문이다. 금전은 구겨도 되고, 던져도 되고 지갑에 소중히 보관해도 된다. 함부로 대했다고 화내지 않고 소중히 대했다고 고맙다고 인사하지 않는다. 그렇지만 사람은 사람마다 감정이 있고 생각이 다르고 이해가 다르다. 수많은 사람이 살지만 모두 생각이 조금씩 다르다. 나와 둘도 없는 단짝이고 오랜 친구여도 어느 부분에서는 생각이 다르다. 다만 많은 부분이 일치하거나 비슷할 뿐이다. 한 부모

　　　　　　　　　　　　　　　　　　　　　최영주

를 둔 가족도 서로 다르다. 생김새만 비슷할 뿐 좋아하는 음식도 다르고 옷 입는 스타일도 다르고 취미도 다르다.

사람은 사소한 일로 감정 상해서 따지고 삐지고 토라진다. 마음을 돌이키려면 많은 시간과 정성이 필요하다. 심지어는 다시 안 보는 사이가 되기도 한다. 그래서 사람에게 입은 상처로 마음의 문을 닫는 사람도 있고, 약을 먹는 정신과 치료를 받기도 한다. 사람과의 관계는 아무리 조심해도 나만 잘한다고 잘되지 않는다. 조금 전까지 이해한다고 말했다가도 확 달려져서 잘못했다고 몰아세운다. 일일이 예를 들자면 한도 끝도 없을 만큼 복잡 미묘한 게 대인관계다. 대인관계가 아무리 원만해 보이는 사람도 조금만 깊이 얘기해 보면 굉장히 힘들어하는 걸 알 수 있다. 사람은 색상표의 색이 아니다. 항상 같은 색이 아니다. 사람의 마음은 수시로 변한다. 변하는 이유는 경쟁 사회에서 자신의 이익을 위해서는 불의도 부정도 용납할 때가 있는 생존전략이기 때문이다. 잘못인 걸 알면서도 강자 편에 서고 약자를 깔아뭉갠다.

사회생활 하면서 사람 때문에 마음에 상처를 안 입어 본 사람은 없다. 분명 가슴 아픈 일이지만 그렇다고 사람을 안 만날 수는 없다. 그러면 어떻게 하면 좋을까? 정답은 아니지만, 가족과 극히 일부를 제외한 나머지 사람과는 원가근 불가근(遠可近 不可近)의 관계를 갖는 게 좋다. 원가근 불가근은 "가깝지도 않고 멀지도 않게"라는 의미다. 사람과의 관계는 적당히가 제일 중요하다. 아무리 마음에 들어도 적당히 아무리 마음에 안 들어도 적당히. 가깝지도 않고 멀지도 않게 적당히 거리를 유지하는 게 상처를 안 받는 좋은 방법이 될 수 있다.

최영주

남는 인연 지나가는 인연

앞서 말했듯이 사람의 마음은 생존전략으로 변한다. 변하지 않는 사람은 없다. 나 또한 누군가에는 경계의 대상이고 그나마 믿을 수 있는 사람일 수 있다. 좀 더 정확히 말하면 사람이 변한다기보다 상황이 바뀌기 때문에 사람이 변하는 것이다. 예측 불가한 상황에서 자신도 피해를 보게 생겼으니 피해를 줄이거나 남에게 전가하기 위해 마음을 바꿔먹는다. 상황이 꼬여서 일처리가 늦어지거나 취소되면 그나마 다행인데 사기를 당할 수도 있다. 갑자기 바뀐 상황에 가해자가 사기꾼이 되는 것이다. 물론 처음부터 작정하고 속이려고 마음먹은 사람도 있지만, 우발적인 상황변화에 이기적으로 판단하면 자기 의사에 반한 나쁜 사람이 된다. 그래서 사람을 못 믿는다기보다 상황을 못 믿는 게 맞는 표현이다.

간혹 남 부러울 만큼 화려한 인맥을 자랑하는 사람이 있고, 인맥이라고는 가족과 친구 몇 명이 전부인 사람이 있다. 그러나 인맥의 많고 적음이 삶의 가치를 높이는 것과 성공에는 별다른 영향이 없다. 단지 알고 지내는 사람이 많은 것과 마음을 나눌 수 있는 사람이 많은 것은 다르기 때문이다. 인맥도 자산이라 말할 수 있다. 그만큼 중요해서 삶 가운데 꼭 필요하다. 대인관계는 성격이 외향적이라 좋고 내성적이라 나쁜 것이 아니다. 그래서 학연, 지연, 동호회 등을 통해 많은 사람과 유대관계를 가지려 한다. 공동체 생활에 꼭 필요하기 때문이다. 사람의 대부분은 선하고 좋고 극히 일부만 나쁜 사람이 있다. 사람을 만나다 보면 자신과 성격이 맞아 금방 친해지는 사람이 있고 오래 만나도 데면데면한 사람이 있다. 그러나 성향과 상관없이 인격 대 인격의 만남으로 서로를 존중하며 잘 지낸다. 그런데 오늘날 만나고 있는 사람 중에 십 년, 이십 년 전부터 알고 지내는 사람이 몇 명이나 있는지 세어보자. 아마도 지금 남아 있는 사람보다 만났다 헤어진 사람이 더 많을 것이다. 자신이 타인 의존형이거나 곁에 사람이 없으면 불안한 사람은 누군가를 계속 찾는다. 그리고 무슨 일이든 엮어서 만나려 한다. 또는 사람이 싫은 건 아니지만 사람 만나는 걸 좋아하지 않아 혼자만의 취미생활을 즐기는 사

최영주

람도 많다. 무엇이 됐든 자신의 성향대로 살고 있다. 주변에 아는 사람이 많고 대인관계가 넓은 사람은 깊이보다는 넓이에 관점이 크다. 반대로 소수정예를 좋아하는 사람은 넓이보다 깊이에 관점이 크다. 그러나 사람과의 인연은 내 바람대로 안 된다. 사람에게는 남는 인연이 있고 지나가는 인연이 있다. 지금 만나고 있는 사람이 좋아서 인생 마지막까지 함께 하면 좋겠다고 생각한 사람도 언제 떠날지 모른다. 좋은 인연으로 오래 이어지기를 간절히 원해도 떠날 사람은 떠난다. 평생을 함께하자고 서로 다짐해도 지나가는 인연이라면 짧은 만남으로 끝난다. 아쉽지만 어쩔 수 없다. 나와 안 맞는 사람이라면 아쉬울 게 없겠지만, 나와 맞는 사람이라면 남을지 떠날지 모르니 항상 최선을 다해야 한다. 만남의 인연도 중요하지만 만남의 결과는 더 중요하다. 짧은 만남이었지만 내게 큰 유익을 주고 떠나는 사람이 있고, 오래 만났지만 도움은커녕 피해만 입히고 떠나는 사람이 있다. 사람을 많이 만나고 적게 만나고의 숫자는 별로 중요하지 않다. 마지막까지 내 옆에 있는 남는 인연이 중요하다. 사람은 누구나 좋은 사람과 어울려 즐겁게 살길 원한다. 나부터 좋은 사람이 되고 나 또한 누군가에게 좋은 사람으로 남는 인연이 되어야 한다. 그 누구든 범죄의 목적으로 나를 해치려 하는 사람이 아니면 인격에 상관없이 존중하고 사랑해야 한다. 누구라도 그 사람의 오늘 모습이 십 년 후에 어떻게 바뀔지 아무도 모르기 때문이다. 어느 순간 가르치지 않았는데 알아서 깨닫고 변해간다. 내가 하는 일이 바뀌면 만나는 사람도 바뀐다. 가치 있는 일을 하면 가치 있는 사람을 만나고 해로운 일을 하면 해로운 사람을 만난다. 오늘도 내일도 누군가를 만나며 살아야 한다. 내가 만나는 소중한 사람에게 남는 인연이 되도록 최선을 다하자.

최영주

이기려고 하지 마라

사람은 혼자 살아도 어제 혹은 지난날을 생각하며 자신과 경쟁한
다. 그러니 여러 사람이 사는 공동체에서의 경쟁은 말할 것도 없다.
타인과의 경쟁을 즐기거나 반갑게 맞이하는 사람은 없다. 간혹, 스
포츠 경기전에 선수를 인터뷰할 때 누구와 상대해도 이길 자신 있
다고 말하는 것을 보긴 하지만 그 또한 두려움을 이기기 위한 정신
무장이다. 자신이 다른 사람과 실력을 겨룬다는 것은 누구라도 언
제라도 긴장된다. 아무리 자신의 능력이 탁월하고 우수해도 항상 이
긴다는 보장이 없기 때문이다. 이것이 누구나 경쟁은 두렵고 피하고
싶은 이유다.

그래서, 경쟁이나 분쟁에서 좀 더 수월한 이끄는 삶을 살기 위해 자신의 가치를 높이려 애쓴다. 그런데 이 방법이 자신만 알고 있는 비밀이라면 좋겠지만, 이미 수많은 사람이 알고 있고, 대부분이 자신의 가치를 높이려 노력하고 있다. 그러니 경쟁은 더 치열할 수밖에 없다. 사람 간의 우열은 있겠지만 그 우월함이 항상 우월하지 않고 항상 열등하지 않다. 상황에 따라 얼마든지 바뀐다. 남들이 잘하는 모습을 보고 나도 열심히 해서 잘해야지. 라는 생각은 스스로에 주는 가장 강력한 동기부여고 자신감이다. 자유민주주의 국가에서 경쟁은 불가피하다. 그런데 남과의 경쟁은 경쟁일 뿐 한 번 이겼다고 완전히 정복한 것은 아니다. 다음엔 내가 질 수도 있다. 그리고 삶이 항상 경쟁해야만 먹고사는 문제가 해결되는 것도 아니다. 치열한 현실을 이해하기 쉽게 쓰는 말 중에 취업 전쟁, 입시전쟁이라는 말이 있다. 그냥 취업문제, 입시문제라고 해도 되지만 굳이 전쟁이라는 표현을 사용하는 것은 경쟁이 심함을 강조하기 위함이다. 채용 인원보다 지원자가 많으니 일부를 제외한 나머지는 다른 곳을 알아봐야 한다. 그렇다 보니 경쟁에서 밀려나 한두 번 쓴잔을 마셔보지 않은 사람은 없다. 그 순간은 괴롭고 힘들어도 시간이 지나면 다시 괜찮아진다. 그런데 밀려나는 일이 몇 번 반복되면 목표가 줄어들고 자신감이 많이 떨어지기 시작한다. 그리고는 마음이 급해져 목표 없이 아무데나로 마음을 정한다. 끝내는 경쟁이 거의 없거나 자신

최영주

과 맞지 않는 일을 하기도 한다. 그러나 중요한 것은 경쟁에서 승패가 아니다. 내가 원하는 곳보다 나를 원하는 곳이 나와 맞는지도 모른다. 크고 좋은 것은 누구라도 좋아한다. 그런데 크고 좋은 것만 소중하고 보통의 평범한 것은 소중하지 않은가? 그렇지 않다. 모두 소중하다. 외형보다는 내가 하는 일이 더 중요하다. 내 경쟁력은 남보다 나을 수도 있고, 못할 수도 있다. 나는 내가 잘할 수 있는 일을 하면 된다. 남들이 부러워하거나 평판이 좋은 일을 해야만 내 가치를 인정받는 건 아니다. 사회적 시선을 의식할 필요도 없다. 관심받고자 지금의 내 능력보다 목표를 크게 잡는 건 좋지 않다. 내가 못 하는 건 잘하는 누군가가 하게 하게 하면 된다. 그리고 처음부터 화려한 것보다 시간이 지나면서 빛 나는 모습이 더 아름답다. 승부욕이 강한 건 좋지만 아무 때나 이기려고 하면 이기적인 사람으로 낙인찍힐 수 있다. 말이 많고 강한 척하는 사람보다 침착하고 의연해 보이는 사람이 더 믿음직하다. 남을 이기려고 하지 말고 자신이 하는 일에 최선을 다하자. 그게 이기는 것이다. 모든 큰 것은 작은 것에서 시작된다. 또는 작은 것 자체가 크고 위대한 것이 있다. 높은 전망대에서 환히 밝혀 있는 도시의 밤을 바라보면 수많은 조명이 반짝이는 모습을 볼 수 있다. 높은 곳에서 보면 가로등의 큰 불빛도 동네의 작은 집 불빛도 구별되지 않는다. 모두 빛나는 멋진 모습으로만 보인다. 굉장히 멋있고 화려해 보이는 그 어떤 일도 멀리서 보면 다 거기서 거기다. 이기려고만 하는 경쟁은 몇 번으로 만족하고 이제는 남이 할 일과 내가 할 일을 분별해서 내가 할 일을 찾아 그 일을 잘 하면 된다. 내가 하는 일을 잘하는 게 이기는 것이다.

최영주

가치관의 전환

좋은 계획을 세우고 계획 이상의 성과를 내기 위해서는 분명한 자기만의 인생 가치관이 있어야 한다. 사람마다 가치관은 다 있겠지만 그게 가치관인지 모르고 그냥 이렇게 태어났나 보다 하고 사는 사람도 많다. 가치관은 어떻게 세우는지에 따라 삶의 방향이 완전히 달라진다. 처음부터 잘 세워서 큰 굴곡 없이 무난하게 사는 사람도 있고 반대로 잘 못 세워 인생의 대부분을 망치는 사람도 있다. 그만큼 자신의 가치관은 매우 매우 중요하다. 인생 가치관은 좋은지 나쁜지가 아니고 옳은지 그른지가 중요하다. 물론 옳고 그름을 분명히 구별하기는 어렵지만, 자신의 이익을 위해서는 나쁜 방법이라도 사용하겠다는 마음만 아니면 괜찮거나 옳다고 할 수 있다. 자신의 인생을 엉망으로 망가지듯 살고 싶은 사람은 없다. 단지 한순간 망가져 잘못된 행동을 했을 뿐이다. 행여 잘못된 길을 걷고 있다가도 언젠가 돌이켜서 바르게 살겠다고 다짐한다. 대부분은 선한 양심으로 행복하게 살길 원한다. 살면서 마음에 걸리는 일이 있거나 안 좋은 소식을 들어 마음이 아플 때는 기분전환을 위해 조용한 카페나 산과 바다를 찾곤 한다. 그래서 기분전환을 위해 어디론가 가지만, 가서 무언가를 해도 사실은 그곳에서 같은 생각을 더 하고 올 때가 많다. 그렇지만 풀지 않고 마음에 삭이는 것보다 다녀오는 게 좋다. 사소한 일에 집착해서 그 일이 해결되기 전에는 아무것도 할 수 없다는 듯이 신경이 곤두서면 스트레스만 쌓이기 때문이다. 마음을 풀기 위해 기분전환을 한다면 인생을 풀기 위해 가치관을 전환하면 어떨까?

내가 한평생 살기 위해 가장 오랫동안 할 일이 무엇인지 정했다면 그 일에 맞게 가치관을 전환하는 거 말이다. 만일 아직 정하지 못했다면 가치관을 먼저 전환해 보면 어떨까?

가치관 전환은 이랬다저랬다 하는 변덕 부리는 게 아니다. 내가 마음먹은 일이 있을 때 그 일에 맞는 사고로 나를 변화시키는 것이다. 물론 가치관 전환은 한순간에 확 되지 않는다. 잘못된 습관을 고치기보다 더 어렵다. 조금씩 천천히 하나하나 전환해야 한다. 진학이나 취업이나 창업이나 무슨 일을 결정했을 때 그 일에 맞도록 내

최영주

가치관을 전환해야 한다. 내 모습은 그대로인데 경험하지 않을 일을 하면 처음부터 어렵다. 물론 각오를 하겠지만 각오를 굳게 하는 것과 가치관을 전환하는 것은 완전히 다르다. 각오는 일시적이며 순간적이다. 그 순간이 지나면 바로 사라진다. 그러나 가치관 전환은 길고 오래간다. 내가 할 일로 결정하면 생각이 깊어 지고 새 힘이 솟는다. 그러면서 내 속에 잠재능력이 발휘되고 열정이 생긴다. 가치관 전환에 큰 장애물은 고정관념과 쓸데없는 고집이다. 생각이 굳어지면 창의적인 아이디어가 안 떠오른다. 세상은 자꾸 바뀌는데 십 년 전, 이십 년 전 지식과 방법을 평생 써먹을 수 없다. 세상 속에 사는 나는 지극히 작은 한 사람이다. 수도 없이 많은 사람이 수도 없이 많은 일을 한다. 그 큰 세상이 나만을 위해 돌아가지 않는다. 나도 그 큰 세상에서 자리 잡고 무언가를 하는 사람일 뿐이다. 시청 앞 사거리에 가만히 서 있어보라. 지나가는 사람이 시시각각 바뀐다.

나도 바뀌는 한 사람이다. 큰 틀에서의 가치관을 올바로 세우고 그것을 바탕으로 변화하는 세상에 걸맞게 계속 가치관을 전환해야 한다. 오랜만에 만난 지인이 전혀 다른 좋은 모습으로 나타났거나, 굉장히 잘 나간다는 소문을 듣는 경우가 있다. 무엇이 그를 달라지게 했을까! 무언가 원인이 있어서 결과가 달라졌을 것이다. 바로 가치관을 전환했을 가능성이 크다.

내 주위에도 이전에 알고 지내던 모습과 많이 달라진 사람이 있고 여전히 예전 그대로인 사람도 있다. 달라진 사람은 많이 발전한 사람을 말한 것이고 그대로인 사람은 발전 없는 사람을 말한 것이다. 가치관을 전환하면 몇 년 후에 많이 달라진 나를 볼 수 있다. 어렵지 않다. 마음만 먹으면 된다. 가치관 전환을 통해 새로운 나를 만들어 보자.

최영주

계속 움직여라

사람은 생활이 안정되면 늘 하던 대로 무의식적으로 행동한다. 아침이면 저절로 눈이 떠지고, 일어나서는 습관적으로 씻고 아침 먹고 준비해서 회사 혹은 사업장에 출근한다. 가자마자 그날 일들이 손에 저절로 붙어 몇 개를 처리하면 어느새 점심시간이 된다. 점심을 먹으면서도 머릿속은 오후 업무 생각이고 어떻게 먹었는지 금방 먹는다. 그리고는 오전보다 더 열중하여 빡빡한 오후 업무를 마치고 퇴근하여 집으로 돌아온다. 이렇게 하루 이틀 지나다 보면 일주일이 가고 벌써 한 달이 지난다. 그러면서 세월이 참 빠르다는 걸 새삼 느낀다. 이렇듯 하루하루가 거의 무의식적으로 행해지는 반복된 일상이다.

사람은 자기 생활에 익숙해지면 안정감이 들고 안정되면 안주하게 되고 그때부터는 별다른 욕심 없이 살게 된다. 그냥 평범함의 열차 안에 내 몸을 싣고 계속 달린다. 간혹, 새로운 일이 생기거나 일이 꼬이면 불안해지고 빨리 해결하고 다시 익숙함으로 돌아가려 한다. 누구라도 귀찮은 일은 싫어하고 남이 하기 싫은 일을 도맡아 하려 하지 않는다. 그러면서 서서히 게을러지고 타성에 젖은 채 편안히 세월을 보낸다. 어쩌면 이게 가장 안전한 행복이다.

안정된 삶은 누구나 바라는 소망이지만 안정되지 않으면 언제 소나기가 쏟아질지 모르는 먹구름 낀 하늘 같다. 그래서, 모험이나 도전보다는 좀 부족하더라도 안정을 찾는 경향이 크다. 그럼에도, 사람은 항상 꿈틀거리는 욕망이 있다. 지금보다 더 잘 살고 싶은 욕망. 그런데 무언가를 더 얻으려면 또 다른 일을 해야 하고 새로 시작하면 삶의 리듬이 깨지고 돈과 시간이 들어간다. 그래서 계속 미루다 포기하거나 더 늦기 전에 한 번 해본다는 마음으로 시도하지만 얼마 못 가 또 포기하는 사람이 대부분이다. 삶이 윤택해지는 사람은 계속 무언가를 시도한다. 그러면서 많은 경험을 쌓고 성공 가능성을 높인다. 한 나무에 백 개의 가지가 있다면 백 개의 가지에서 열매를 맺는다. 그런데 나무가 열매 맺기 귀찮다고 오십 개의 가지만 뻗었다면 열매는 오십 개의 가지에서만 열린다. 나무도 가지를 많이 뻗어야 많은 열매를 맺듯이 사람도 많이 움직여야 많은 것을 얻는

최영주

다. 사람의 두뇌는 사용하면 사용할수록 더 발달 되고, 몸도 움직이면 움직일수록 더 민첩해진다. 좀 더 나은 삶을 위해 계속 움직이면 방법이 생각나고 길이 열린다. 안주해서 가진 것만 지키려 하면 더 나은 삶을 스스로 포기하는 것이다. 심지어는 가진 것도 없이 가난을 안주 삼기도 한다. 타고난 재능이 특별한 예능인, 운동선수, 경영인으로 부와 명예를 누리며 사는 사람도 있지만 그런 사람은 시대에 꼭 필요한 하늘이 내려준 사람일 뿐이고, 나만 빼고 모든 사람이 다 그렇게 태어난 것은 아니다. 불필요한 나약함이나 패배의식은 자꾸 나를 힘들게 한다. 천부적인 재능을 갖고 태어난 운동선수도 그 사람이 연습과 훈련을 게을리하고 재능만 믿고 경기에 임하면 처음 한두 번은 이길지 몰라도 그 이후는 연패의 늪을 벗어나지 못한다. 타고난 재능에 피와 땀을 흘리는 수고와 훈련이 있어야 재능이 빛을 발하는 것이다. 오늘 열심히 살면서 내일을 준비하고 오늘의 안정도 언젠가 불안정해질 수 있다는 것을 명심해야 한다. 그래서 계속 움직여야 한다. 머리도 움직이고 손과 발도 움직여야 한다. 움직여서 신경세포가 정신을 차리고 있게 해야 한다. 그러면 안정된 생활을 오래 유지할 수 있고 나빠질 때 빨리 회복할 수 있다. 일이 잘될 때는 자신만만하여 세상을 정복할 것 같지만 어느 순간 수렁에 빠질 수 있다. 잘 되는 건 오래 걸리고 어려워도 나빠지는 건 한순간이다. 계속 움직여서 레이더가 멈추지 않게 해야 한다. 그래야 나빠지는 상황이 올 때 재빨리 대처할 수 있다. 세상에 도전하는 자신감과 용기를 가져라. 자신감 없이는 용기가 안 생기고 용기 없이는 어떤 일도 할 수 없다. 안정된 삶을 위해서는 더욱 움직여야 한다. 그러면 몸도 마음도 건강해지고 삶도 윤택해진다.

최영주

짧게 신중하라

나는 운동하는 걸 좋아해서 거의 매일 헬스클럽에 다닌다. 하루는 유산소 운동, 하루는 근력 운동으로 건강관리를 한다. 유산소 운동은 러닝머신에서 9-10km를 달린다. 컨디션이 좋으면 10km를 달리고 보통은 9km를 달린다. 약 4~50분을 달리다 보니 지루하지 않게 TV를 보는데 주로 스포츠 경기나 다큐멘터리 혹은 장기프로그램을 본다. 한 번 집중하면 푹 빠져서 힘든 줄 모르고 달리기 때문이다. 그런데 며칠 전에 채널을 돌리다 장기프로그램이 있어서 보는데 한 프로기사가 신중하게 생각한 끝에 한 수를 두었는데 악수를 두어 잠시 후 패하게 됐다. 나는 그 장면을 보며 별로 어렵지 않은 상황인데 저 상황에서 굳이 오래 생각할 필요가 있었나 했다. 그렇지만 프로기사니까 좋은 수가 있겠지 했지만 그게 악수였다. 그래서 실력으로 패한 게 아니고 실수로 패했다. 나는 그때 역시 프로기사도 실수하는구나.라고 생각했다. 실수는 누구라도 언제라도 할 수 있다. 아무리 조심하고 주의해도 순간에 실수가 나온다. 그러나 그 실수를 여러 번 반복하거나 실수가 실패로 이어지면 굉장히 곤혹스럽다.

그래서 한두 번 실수해 본 사람은 실수하지 않으려고 신중에 신중을 더한다. 매사에 신중한 자세는 아주 바람직하다. 침착하고 차분한 마음으로 결정할 수 있어서 속단으로 인한 피해를 줄이기 때문이다. 그런데 신중함이 너무 길면 생각에 혼란이 와서 악수가 나올 수 있다.

신중함이 너무 길어 결정하지 못 하는 사람이 있고, 본인 혼자서는 단독으로 결정하지 못하는 사람도 있다. 이런 사람은 당사자도 힘들겠지만 보는 사람은 더 힘들다. 그리고 이것은 신중하다기보다 자기 주관이 없는 것이다. 가전제품이나 가구를 살 때, 심지어는 자신이 입을 옷을 고를 때도 무엇을 사야 할지 망설이다 못 사는 경우가 있다. 이런 것을 심리학적으로는 결정장애 혹은 선택 장애라고 한다. 만일 자신이 그런 사람이라면 이걸 고쳐야 하나 말아야 하나를 신중하게 고민하다 끝내는 결정하지 못할 것이다. 이런 사람은 변화를 싫어하고, 하던 대로 하는 익숙함을 좋아한다. 그러다 보니 새로운 환경에 적응력이 떨어지고 새로운 일이나 새로운 사람을 기피 하는 경향이 크다. 본인도 그걸 잘 알겠지만 쉽게 고쳐지지 않는다.

결정장애를 고치는 가장 좋은 방법은 첫째. 생각을 짧게 해야 한다. 오래 생각할수록 문제가 커 보이고 판단력이 흐려진다. 그리고 끝내는 처음 마음먹은 대로 결정하게 된다. 어려운 문제가 생겼을 때나 어떻게 할지 결정할 일이 생겼을 때 한두 번 생각하다 보면 답이 나온다. 그리고 그게 정답일 가능성이 크다. 그런데 행여 실수할까 머뭇거린다. 그렇지만 결정을 빨리하는 게 좋다. 살면서 인생을 걸만한 큰 결정을 할 일은 많지 않다. 대부분은 어떤 결정을 해도 별다른 무리가 없다. 그런데 잘못 결정하면 인생이 끝날 것처럼 고민만 하고 있으면 정신건강에 해롭다. 둘째. 행동을 조금만 빨리하는 습관을 갖자. 평소보다 조금 빨리 걷고 말도 조금 빠르게 하고 업무처리도 조금 빠르게 해보자. 그러면 두뇌 활동이 빨라지고 새로운 활력이 생긴다. 셋째 수동적인 자세에서 능동적인 자세로 바꿔보자. 이전에는 남이 내게 무엇을 권했다면 이제는 내가 남에게 먼저 권해보자. 예를 들면 오늘 점심은 김치찌개가 어떠신가요? 라고 의견을 물어본다. 그러면 좋다는 사람도 있고 싫다는 사람도 있지만 끝내는 김치찌개로 결정될 가능성이 크다. 혹은 삼계탕으로 결정되더라도 내가 주도한 질문에 남이 응답한 결과이므로 나를 중심으로 점심 분위기가 이루어진다. 신중하게 생각하되 짧게 신중 하자. 짧게 신중하나 길게 신중하나 결과는 같을 가능성이 크다. 빨리 결정하고 끝내면, 새로운 일을 더 많이 할 수 있다. 지금 내가 하는 일이 인생의 마지막 일이라면 신중할 것 없이 끝까지 최선을 다하면 된다. 그렇지 않으면 인생에 낭비가 없도록 망설이지 말고 빨리 결정하라. 결정하고 하면서 안 되는 건 고쳐가면 된다. 짧게 신중하라.

최영주

무망지복

(毋望之福)

행운이란 단어는 듣기만 해도 가슴 설렌다.

왠지 갑자기 부자가 될 것 같고 마음의 소원이 이루어질 것 같은 기분이다.

지금 바로 나에게 행운이 온다면 무엇을 바랄지 생각해 보자. 막연히 좋은 일이 있었으면 좋겠다는 소망 말고 구체적으로 무엇이라고 말이다. 자녀 문제, 금전 문제, 내집마련문제, 결혼문제, 부채 문제 등 지금 처한 환경에 따라 다르겠지만 가장 급히 해결되었으면 좋은 것을 생각할 것이다. 그런데 소망이 현실이 되는 행운이 있으면 좋은데 그 행운은 어디에 있는지 도무지 내게는 안 오는 것 같다. 무엇을 하든 더디고 힘들다. 하나를 해결하면 다른 일이 또 생기고 쉴 틈이 없는 것 같다. 그렇지만 살다 보면 가끔 놀라운 반전이 있는 걸 보게 된다.

야구 경기중에 1루에 있던 주자가 도루를 시도했는데 출발이 늦어져 아웃을 직감했다. 그런데 포수의 송구가 너무 높아서 2루를 넘겨 여유 있게 2루를 밟아 세입이 되었다. 쇼트트랙 경기에서 어떤 선수가 한 바퀴를 남기고 3위로 달리고 있는데 도착 바로 전에 1,2위 선수가 미끄러져 넘어져 1위가 되었다. 시험공부를 많이 하지 않아 찍은 게 많았는데 그게 정답이 되어 생각보다 성적이 좋게 나왔다. 이런 걸 보거나 겪은 경험이 몇 번은 있을 것이다.

무망지복(毋望之福)이라는 고사성어가 있다. 이 말은 "바라지 않은 행복, 뜻하지 않은 행복"을 말한다.

위와 같은 상황을 "무망지복"이라 할 수있다.

오래전 조상의 삶은 지금보다 덜 각박하고 느리게 살아서 스트레스 없이 잘 살았을 것 같은데 힘겹기는 마찬가지였나보다. 선조들도 힘겨운 인생 속에 쉼과 같은 활력소가 필요해서 저런 말들을 만들지 않았나 생각한다. 사람은 누구나 무망지복을 경험하고 산다. 가끔 기대 이상의 성과가 나오거나 바라던 것보다 큰 것을 얻는 때가 있어야 내게도 복이 있나 하고 위안 삼기 때문이다. 무망지복은 삶에 있어 비타민 같은 존재다. 어떻게 될지 모르니까 반전을 기대할 수 있고 지레짐작으로 포기하는 걸 막을 수 있다. 그런데 가끔 오

최영주

는 이런 행운도 자신이 무슨 일을 하는지에 따라 다르다. 길을 걸으면서 땅 만 보고 가는 사람은 동전 몇 개를 주울 수 있고, 주위를 살피며 걷는 사람은 달라지는 주위 환경을 빨리 알 수 있다. 집에 가는 길에 그냥 얻게 되는 공짜 이익이다. 일도 마찬가지다.

학생, 회사원, 연구원, 운동선수, 농부, 요리사, 사업가, 가정주부, 공무원 할 것 없이 자신의 소속이나 위치, 하는 일에 따라 무망지복의 행운이 다르다. 아무것도 안 하면서 행운을 바라고 잘되기를 바란다면 그것은 뜻밖의 행운을 바라는 게 아니고 평생소원일 가능성이 크다.

뜻밖의 행운을 얻기 위해서는 자신이 하는 일에 최선을 다해야 한다. 무언가를 이루기 위해 계속 연구하고 열심을 내야 한다. 잘되는 사람이 계속 잘되는 이유는 능력이 좋아서가 아니라 계속 무언가를 하기 때문이다. 계속 무언가를 하다 보니 뜻밖의 행운이 더 많이 따르는 것이다. 어떤 농부가 논에 벼를 심어 평소에 100가마니를 수확했는데 가뭄과 태풍이 없고 작황이 좋아 120가마니를 수확했다면 20가마니만큼 무망지복을 얻은 것이다. 바닷가 어부도 양식하는 전복이 수온과 날씨가 좋아 평소보다 많이 수확했다면 더 얻은 만큼 무망지복을 얻은 것이다. 뜻밖의 행운은 바란다고 이루어지지 않고 기다린다고 오지 않는다. 오직 무언가를 할 때 온다. 아무것도 안 하면서 행운이 있기를 바라는 것은 씨 뿌리지 않고 거두기를 바라는 것과 똑같다. 무망지복은 가끔 한 번 있는 행운 같지만 잘 헤아려 보면 의외로 많다. 뿌린 대로 거두는 게 아니고 뿌린 것보다 훨씬 더 많이 거둔다. 무망지복은 수고해서 얻은 대가보다 더 기분 좋다. 무 망지복으로 인생이 더 즐거워지고 행복하길 원한다.

최영주

행복은 내 곁에 있다

　내가 즐겨보는 TV 프로그램은 일반인이 출연해서 자신의 삶을 꾸밈없이 보여주는 것과 자연 다큐멘터리다. 또는 여행지 소개나 스포츠도 가끔 본다. 그렇지만 주로는 일반인이 출연해서 자신의 모습 그대로를 보여주는 프로그램을 자주 본다. 가식 없는 일반인이 사람 냄새 풀풀 내며 사는 모습 그대로를 보여주는 걸 좋아한다. 그런 프로그램에 출연하는 사람은 사회적으로 큰 성공을 거둔 부자나 유명 인사는 거의 없고 대부분 나와 같은 소시민이라 더욱 친근하다. 그들의 삶을 보면 인생의 희노애락이 그대로 묻어 나온다. 큰 어려움도 없고 큰 성공도 없는 그저 평범한 삶이다. 그들이 아등바등 사는 모습이 나와 같아 동질감을 느끼고 작은 일에 행복해하는 모습에 감동을 얻는다. 좋은 집도, 차도 없고 부자도 아니다. 가족끼리 아웅다웅 평범하게 사는 모습인데 행복해 보인다.

그리고 그들의 삶을 응원한다. 그런데 그들을 보는 나는 그들이 행복해 보이는데 그들은 자신들이 행복하다고 생각하는지 궁금하다.

세계 여러 나라에서 행복지수가 높은 상위 10개국을 조사해 보니 핀란드, 덴마크, 아이슬란드, 스웨덴, 노르웨이, 스위스, 네덜란드, 룩셈부르크, 뉴질랜드, 오스트리아가 선정되었다. 이것은 마음으로만 행복하다고 생각하는 것이 아니라 실생활에서 느끼는 만족도를 수치로 나타내서 순위를 정한 것이다. 이 조사는 국가별 순위뿐 아니고 행복하다고 생각한 이유도 함께 공개했다. 그중에는 그 나라만의 특별한 혜택도 몇 개 있었지만, 대부분은 공통되는 게 많았다. 공통된 부분 몇 가지는 우리 생활에서 쉽게 접하는 비교적 흔한 것들이었다.

첫째 무상교육, 무상 의료서비스 같은 보편적 복지제도.

둘째 환경보전으로 인한 친환경적 생활.

셋째 낮은 범죄율과 강력한 예방 정책.

넷째 상호간 사회적 신뢰와 높은 수준의 공동체 문화.

다섯째 아름다운 자연에서 야외 활동을 즐길 수 있는 것.

여섯째 국민의 삶의 질을 높이는 정책.

최영주

일곱째 높은 교육 수준으로 인한 성숙한 시민 문화.

이런 것들이 있어서 자신의 삶이 행복하다고 높은 점수를 줬다.

내용을 보면 일반 서민들 누구나 누리는 평범한 삶이다. 우리나라도 고등학교까지는 무상교육, 무상급식이고 사회적 약자에게 많은 복지혜택을 준다. 또한, 치안 수준이나 시민문화 국민성은 세계 최고 수준이다. 사계절이 뚜렷하고 좋은 날씨에 많은 외국 관광객이 감탄을 멈추지 않는다. 그리고 보면 우리는 행복의 기본조건이 아주 탄탄한 나라에 사는 것 같다. 나는 몇 년 전까지 아마존 원시림이나 오지에 사는 소수민족, 아프리카 빈민국에 사는 사람을 불쌍히 여겼다. 그리고 그들의 삶은 굉장히 불행하다고 생각했다. 그런데 그들의 인터뷰를 듣고 내 생각이 잘못됐음을 알았다. 그들은 자신의 삶은 가난하지만, 자신의 삶에 만족하며 행복하다고 했다. 모두 그런 것은 아니지만 그렇게 생각하는 사람이 있다는 게 놀라웠다. 내가 생각한 행복과 그들이 생각한 행복이 다른 것이다. 우리가 봤을 때 그들의 삶은 문명화되지 않은 원시 그대로이지만 반대로 그들은 우리가 누리는 문명 생활을 알지 못한다. 그들은 남들도 자신들처럼 사는 줄 안다. 그러니 자신이 불행하다고 생각하지 않고 현재의 삶에 만족하며 산다. 사람은 보는 게 많은 만큼, 들은 게 많은 만큼 욕심이 늘어난다.

행복이냐 성공이냐

　내가 가진 것의 많고 적음은 행복의 척도가 아니다. 많다고 행복하지 않고 적다고 불행하지 않다. 그저 자신이 가진 것에 만족하고 자신이 하는 일에 만족하며 사는 게 진정한 행복이다.

　남보다 더 많이 갖고 싶은 소유욕은 한 도 끝도 없다. 하나를 가득 채우면 다른 하나를 가득 채우고 싶은 게 인간 욕심이다. 그러다 채운 걸 써 보지도 못하고 채우기만 하다 끝날 수 있으니 적당히 채우는 게 좋다. 그리고 살다 보면 언젠가 좋은 날이 오겠지.라는 막연한 희망을 품는다. 그러나 언젠가. 라는 날은 아무에게도 약속된 날이 아니다. 오늘이 가장 행복한 날이고 오늘이 내일을 만드는 좋은 날이다. 발전 없이 늘 반복되는 삶을 산다고 자책하는 것, 생각대로 일

　　　　　　　　　　　　　　　　　　　　　　최영주

이 잘 안 풀린다고 불평하는 것, 외부환경이나 사회를 탓하는 것. 이런 것은 아무리 해도 아무런 도움이 안 된다. 경제적 성공으로 부를 이룬 사람, 명망이 높은 사람, 장수하는 사람이 공통으로 하는 말이 있다. 그것은 감사하며 살라는 말이다. 큰 깨달음으로 하신 말씀이니 깊이 새겨듣자. 감사는 좋은 일이 있을 때만 하는 게 아니다.

나쁜 일이 있어도 더 나쁜 일이 생기지 않았음에 감사해야 한다. 감사하는 마음이 있으면 생각이 긍정적으로 바뀌고 이해력이 넓어진다. 생각이 긍정적이고 이해력이 넓어지면 판단력이 좋아진다. 급한 마음이나 미움, 불평이 없다 보니 나와 남을 하나의 공동체로 생각한다. 역지사지의 마음으로 남을 이해하려 한다. 사람이 돈을 많이 벌면 성공했다는 소리를 듣는다. 맞다 돈을 많이 버는 건 성공했다.

그런데 성공했는데 어쩌라는 건가! 성공한 내가 성공 하기전과 무엇이 달라졌단 말인가?

나약한 체력이 강해졌는가! 없던 지식이 생겨났는가! 금은보화가 가득한 집에서 최고급 음식으로 배를 채우는가! 성공했다는 것은 현상이고 본질은 성공한 이후의 삶이다. 그토록 꿈꾸던 성공을 이뤘는데 만족하지 못하고 더 큰 성공을 위해 투자한 주식이나 부동산이 잘못돼 다시 원점으로 돌아갔다면 그때도 성공했다고 할 수 있는가!. 성공은 부자 되는 게 아니다. 오늘 하루 내게 주어진 삶을 충실하게 산 것만으로도 성공한 것이다. 학교에 잘 다녀온 것, 직장에 잘 다녀온 것, 출장업무를 잘 마친 것, 거래처 관계자와 미팅을 잘 마친 것, 오늘 하루 건강하게 산 것 모두 성공한 것이다. 성공의 목적이 부자 되는 것이면 돈을 많이 버는 일을 하면 된다. 돈은 삶의 도구이지 목적이 아니다. 필요해서 돈을 버는 거지 돈 벌기 위해 사는 게 아니다. 많이 벌면 베풀며 살고 적게 벌면 적게 쓰면 된다. 돈을 많이 못 번다고 무능한 것도 아니고 박복한 것도 아니다. 돈을 많이 버는 재주가 없을 뿐이지 분명 내게도 잘하는 게 있다. 살아 있으니 산다는 무념무상만 아니면 된다. 내게 주어진 하루를 보람있게 살아야 한다는 마음이면 충분히 성공하는 삶을 사는 것이다.

그리고 내 인생의 성공은 어느 하나를 이룬 것으로 끝나지 않는다. 이룬 걸 유지해야 하고 새로운 걸 또 이루며 살아야 한다. 내 역량이 있고 남의 역량이 있다. 나는 내게 주어진 삶을 성실히 살면 된다. 높은 자리에 있지 않아도, 유명인이 아니어도, 특별한 재능이 없어도 아무 상관 없다. 어차피 특별한 사람보다 나와 같은 평범한 사람이 훨씬 더 많다. 행복이냐! 성공이냐! 는 이분법으로 나눌 수 없는 중요한 결합이다. 행복하면 성공한 것이고, 성공하면 행복한 것이다. 큰 부자나 유명인 등 사람의 부러움을 받는 사람은 우리 주위에 거의 없다. 그런 사람은 대부분 TV에서나 본다. 실제 우리 주위에는 나와 별반 다르지 않은 평범한 사람이 산다. 평범함이 있어야

최영주

특별함도 있다. 평범한 내 삶 속에 행복이 있고 성공이 있다. 행복이
냐 성공이냐는 선택해야 할 인생 과제가 아니다. 둘 다 누리며 살아
야 한다. 작은 일에도 감사하며 사는 게 행복이고 행복하면 오늘도
성공한 것이다.

깜냥이

　나는 어린시절에 시골에서 살았다.

　시골에서는 개나 고양이 한두 마리는 집마다 키우기 때문에 눈만 뜨면 보게 된다. 그래서 동물에 대한 무서움이나 혐오감은 없다. 우리도 개를 키웠는데 그때 키우던 개는 대부분 잡종으로 일명 똥개였다. 개를 키우다 보면 개가 하는 일이 많음을 알 수 있다. 집도 지키고 먹고 남은 잔 밥도 처리해주고, 또 산이나 들로 놀러 갈 때 데리고 다니면 든든하다. 고양이를 키우는 집도 있었는데 고양이는 별다른 관심이 없어서 무관심했다. 개가 집 지키는 일을 한다면 고양이는 시골집 골칫거리인 쥐 잡는데 큰 공을 세웠다. 요즘도 시골에 가면 가장 흔히 볼 수 있는 동물이다.

　　　　　　　　　　　　　　　　　　　　　　최영주

지금은 도시에 살고 있고 출퇴근길에 오다가다 길고양이를 자주 본다. 그렇지만 관심 있게 보거나 밥을 준 적은 없다. 특별한 이유는 없지만 어떤 때는 쥐보다 고양이를 더 싫어한 적도 있었다. 그렇지만 고양이가 유해 동물은 아니기에 보는 둥 마는 둥 지나쳐 갔다.

그런데 어느 날 우리 집 앞에 새까만 새끼 고양이 한 마리가 지나다니는 걸 봤다.

나만 본 게 아니고 중, 고등학생인 내 딸과 조카들도 보게 되었다. 딸과 조카들은 그 새끼 고양이를 보면 너무 귀여워서 만날 때 인사를 했는데 어느 순간부터 이름을 지어서 부르게 되었다. 검은 고양이여서 "깜냥이."라고 이름을 지었고 아는 척만 하더니 이젠 편의점에서 밥을 사다 먹이기 시작했다. 그리고 학교 갔다 와서 안 보이면 책가방 놓고 그 고양이를 찾으러 다녔다. 깜냥아. 깜냥아 하고 부르면 신기하게 알아듣고 나타나서 따라왔다. 그러면 마당으로 데려와서 밥도 주고 예쁘다고 칭찬도 해주며 잘 지냈다. 그런데, 야생으로 자라서인지 예쁘다고 손을 대면 도망가거나 몸을 피했다. 그렇게 한동안 깜냥이가 성장하는 모습을 보며 우리 가족은 고양이에 대한 애정이 생겼다. 그런데 어느 날 아주 놀라운 일이 생겼다. 고등학생 큰조카가 태어난 지 며칠 안 된 새끼 고양이를 길에서 주워왔다. 그 고양이를 발견 당시 들은 말로는 며칠째 한 곳에서 울고 있었다고 한다. 그래서 어미에게 버림받은 줄로 생각해 데려왔다. 데려와서 처음 며칠은 현관문 밖 복도에서 재웠다. 가을이라 춥지 않았고 크면 내보낼 생각이었기 때문이다. 그런데 그렇게 며칠은 잘 지냈는데 어느 날 고양이가 갑자기 축 늘어지더니 곧 죽을 것만 같았다. 그래서 병원 치료를 받으며 가까스로 살려내 건강해졌다. 그 사건으로 우리 가족 모두는 새끼 고양이가 너무 불쌍해서 집안에서 키우기로 하고 지금까지 잘 키우고 있다. 이 고양이도 까만 고양이라 가족 투표 끝에 "까미" 라고 이름을 지었다. 지금은 우리 가족 모두에게 사랑받으며 잘 자라고 있고 우리 가족에게 행복을 준다. 우리는 반려동물을 키워 본 적이 없어서 조금 서툴렀지만, 이제는 고양이의 특성을 공부해 가며 잘 키우고 있다. 그런데 고양이를 키우면서 몇 가지 달라진 점이 있다. 그동안 집 앞에서 본 많은 고양이에게 관심이 갔고 저들은 어떻게 사는지 궁금해 졌다. 나중에 알고 보니 길고양이는 집에서 키우는 고양이보다 수명도 반 정도 적다고 한다. 지금은 우리 집 귀염둥이 까미가 동물이 아닌 한 생명으로 가족같이 인식된다. 최근엔 중성화 수술을 했는데 하고 나서 일주일 동안 예전과 다르게 조금 시무룩하고 활동력이 떨어졌었는데 지금은 완전히 회복해서 잘 먹고 잘 논다. 나와 우리 가족은 까미를 통해 생명의 소중함을 다시 느꼈고 정성을 다해 키우고 있다. 고양이에게 애정을 갖기는 처음이고 가족 구성원이 될 줄은 생각도 못 했다. 그런데 사람은 고양이와 비교할 수 없는 특별한 존재다. 무슨 일이든 모르면

최영주

아무것도 아니지만 깨닫고 나면 그게 얼마나 소중한지 알게 된다. 내 주위에 있는 사소한 것들이 모두 소중하다. 소중한 것에 감사하며 살자.

생각을 실천하라

등산, 낚시, 여행, 독서, 운동, 공연 관람. 이런 것들은 우리나라 사람이 좋아하는 대표적인 취미 활동이다. 이것 말고도 독특한 취미 활동을 하는 사람도 많이 있지만 대부분 비슷한 취미 활동을 한다. 이중 에서 독서는 하는 사람만 하고 안 하는 사람은 안 하는 취미 영역이다. 최근에 문화체육관광부에서 우리나라 사람 1년 평균 독서량을 조사했는데

연평균 3.9권으로 나왔다. 그리고 1년에 책을 한 권이라도 읽는 사람은 43%로 10명 중 6명은 한 권도 안 읽는 것이다. 독서는 마음의 양식이라고 어렸을 때부터 많이 배웠지만 실제로 책을 읽는 사람은 아주 적음에 조금 놀랐다. 그렇다면 책을 왜 읽어야 할까?

최영주

이유를 알기 전에 책은 누가 쓰고 왜 쓸까를 생각해 보자. 책은 아무나 쓸 수 있지만 아무나 쓰지 않는다. 전문서적을 제외하면 별다른 지식이 없어도 살아온 일상이나 여행일기, 생활의 지혜 등 교양서적은 쓸 수 있다. 그러나 자신이 아는 정보나 지식을 말로는 표현해도 글로는 잘 표현하지 못하기 때문에 안 쓴다. 책은 누가 쓰든 잘써서 자신이 보관하려고 쓰는 게 아니다. 내가 쓴 책을 누군가가 읽고 간접경험을 통해 배우게 하는 지식전달 요소가 크다. 그러다 보니 책을 쓰는 사람은 자신이 알고 있는 모든 지식을 총동원해서 최선을 다해 쓴다. 결과는 독자의 평가에 달려 있지만 쓰는 사람은 최선을 다해 정성껏 쓴다. 다시 질문으로 돌아가서 책을 왜 읽어야 할까? 라는 질문의 답은 배우기 위해서다. 책의 종류와 관계없이 무슨책이든 읽으면 무언가 배운다. 혹은 배우기 위해 전문서적이나 교양서적을 읽는다. 다시 말해 배우기 위해 책을 읽는다. 그런데 책을 많이 읽으면 배우는 것도 있지만 덩달아 말도 잘하게 되는 장점이 있다. 나는 누구와 대화할 때 약 10분 정도만 대화해보면 그 사람이 책을 많이 읽는 사람인지 아닌지 알 수 있다. 말을 잘한다는 것은 끊김이 없거나 유머가 있다는 것이 아니다. 말을 잘하는 사람은 단어와단어의 조합이 매끄럽고 더듬거리지 않으며 사용하는 단어가 많다. 장황하지 않고 또박또박 간단명료하다. 그러니 같은 상황을 설명해도 표현력이 다양해 듣는 사람이 이해가 빠르다. 독서에 취미가 없는 사람에게 꼭 권하고 싶다. 책은 내 인생에 스승이요. 길잡이요. 해결사가 된다. 좋은 책 한 권으로 나의 고정관념이 무너지고 삶의 방향을 정할 수도 있다. 꼭 좋은 책을 많이 읽길 권한다.

그런데 좋은 책을 아무리 많이 읽고 배웠어도 배운 것을 실천하지 않으면 아무 소용없다.

실천은 안 하면서 더 좋은 방법이 없는지 계속 찾아다닌다. 이제 더 이상 찾지만 말고 당장 실천하라. 자기계발서, 성공담 등의 책을 읽어보면 내용이 거의 다 비슷하다. 이미 읽어서 알고 있는 내용과 별반 다르지 않다. 그렇다. 특별한 건 없다. 이미 알고 있는 방법이 최고 좋은 방법이다. 그러니 일단 실천하라. 실천하면서 계속 찾고 배워라. 그러면 반드시 꿈을 이룬다. 처음부터 금수저, 은수저로 태어난 사람을 부러워하지 말고 그들과 비교하지 마라. 그들은 세상의 극히 일부이고, 다수의 사람은 나와 비슷하게 산다. 심지어는 흙수저도 많다. 인생은 그 누구에게나 다 힘들다. 금수저, 은수저도 인생이 힘들다. 나보다 더 가지고 태어난 걸 빼면 나머지는 똑같다. 최고의 자리에 있는 사람 중에 그 누구도 실천하지 않은 사람은 없다. 가진 게 많은 사람이 걱정이 많은지 적은 사람이 걱정이 많은지 모르겠지만 어제보다 나은 오늘을 살고 오늘보다 나은 내일을 살기 위해 최선을 다하면 된다. 밭에 씨앗을 뿌리면 그 씨앗이 자라서 몇십 배의 열매로 보답한다. 그러나 심었는데 죽는 씨앗도 있다. 실천도

최영주

마찬가지다. 실천했다고 다 잘 되거나 많은 결실이 있는 건 아니다. 그러나 씨앗이 죽을까 염려해 안 뿌리지 않듯이 실천했는데 잘 안 됐다고 낙심하지 말고 계속 실천하라. 잘될 때도 있고 안 될 때도 있다. 늦게 가는 것을 걱정하지 말고 가다가 쓰러질 것을 걱정하라.

잘사는 방법은 있다

사람은 누구나 꿈이 있고 소망이 있다.

그리고 꿈을 이루는 사람이 있고, 못 이루는 사람이 있다. 그러면 마음에 품고 있는 꿈이 언제까지 있을까 생각해 본 적이 있는가? 사람은 언제까지 꿈꾸며 사는지 말이다. 청소년기에는 하고 싶은 게 너무 많아 보는 대로 듣는 대로 꿈이 되고, 이, 삼십 대에는 현실적인 목표가 꿈이 된다. 사, 오십 대는 꿈을 이뤄 사는 사람이 있고, 여전히 진행 중인 사람이 있다. 그럼 육, 칠십 대도 꿈이 있을까?

당연히 꿈이 있다. 만일 꿈이 없다면 살 수 없다. 누구나 인생 마지막까지 꿈이 있다.

혹시, 돈도 잘 벌고 자신의 외모도 뽐낼 수 있는 연예인이 되고 싶거나, 권력이나 명예가 있는 국회의원, 장관 등으로 남에게 관심받는 유명인사가 되고 싶은가?

그렇다면 서둘러 준비해서 그 꿈을 꼭 이루기 바란다. 그러나 그럴 생각이 없거나 하고 싶지만 될 가능성이 없다면 일찌감치 포기해라. 그 일은 그들이 하게 하고 나는 내 일을 해야 하기 때문이다. 그들이 돈 잘 벌고 잘 나가는 사람인 건 맞지만 그들에게는 임기가 있고 유행이 있다. 그게 지나면 자연스럽게 잊혀진다. 그래서 잊히지 않기 위해 우리가 모르는 수고와 노력을 엄청나게 많이 한다. 그러나 대중의 시선을 사로잡는 게 쉽지 않으니 많은 사람이 반짝 빛났다 사라진다. 인기는 얻기도 힘들지만 유지하기는 더 힘들다. 몇십 년을 사랑받는 정치인이나 경제인 대중스타가 몇 명이나 되는지 생각해 보면 바로 알 수 있다.

지금의 나는 무엇을 하고 있는지 생각해 보자. 무슨 일 인가는 하겠지만 자신의 삶에 만족하고 여유 있어 콧노래를 부르며 사는 사람은 많지 않다. 그럼 어떻게 해야 흥겨워질까?

당연히 당장 급한 마음의 소원이 이루어지면 흥겨워질 것이다. 그러나 그런 일은 가뭄에 콩 나오듯 한 번 있고, 대부분은 힘들고 어렵다. 그러나 꿈이 있기에 참고 살아간다.

꿈이나 소망은 평생 사는 동안 있고 그 꿈과 소망이 사람을 살게 한다.

사람이 잘사는 방법은 있다. 그러나 더 잘사는 방법은 없다.

잘 사는 방법은 먼저 지금의 자신을 제대로 보아야 한다. 꿈은 꿈이고 현실은 현실이다.

꿈을 이뤄 나중에 높은 사람이 될지라도 지금은 아님을 인식해야 한다. 나는 특별하다는 착각도 버려야 한다. 나와 남은 별 차이 없다. 남의 허물과 단점이 내게도 있고, 남이 잘하는 건 나도 잘할 수 있다. 지금의 나는 지금의 현실에 충실하게 살아야 한다. 그리고 항상 최선을 다해야 한다. 하늘은 스스로 돕는 자를 돕는다는 속담이 있다. 스스로 잘 되고자 노력하는 사람은 하늘도 돕고 사람도 돕는다. 그러면 자신의 꿈이 점점 현실이 되어 반드시 성공하는 삶을 살 수 있다. 아무것도 도전하지 않고 게을리하는데 자신의 꿈이 이뤄질 가능성은 아주 낮다. 세상에서 반짝반짝 빛나지 않는다고 잘못 사는 게 아니다. 세상 사람 대부분은 그렇게 산다. 금, 은 다이아몬드 같은 고가의 보석도 누군가의 손이나 목에 걸려 있거나 금고에 숨겨져 있다. 값만 비싸지 그게 하는 역할은 구리나 철사보다 못하다. 내가 어떻게 생각하는지에 따라 내 삶이 달라진다. 할 수 있다는 자신감과 용기로 살아야 한다. 값만 비싸고 제 역할이 별로 없는 고가의 보석보다 흔하지만, 사람과 세상에 꼭 필요한 철사나 구리가 훨씬 더 쓸모 있다. 굳이 고급스럽지 않아도 나는 나대로 할 일이 있다. 잘사

최영주

는 방법은 긍정적인 생각과 적극적인 행동으로 오늘을 살고 미래를 준비하는 것이다. 그러나 더 잘사는 방법은 없다. 인간의 수고와 노력 외에 운도 따라야 하고 기적 같은 일도 수시로 일어나야 한다. 세상 모든 행운이 한 사람에게 집중되지 않는 한 더 잘사는 방법은 없다. 짐작하기는 잘사는 방법대로 사는 게 더 잘살게 되는 지름길이 될 것이다.

Chapter 3.

천정은

작은 변화가 시작되다

삶

학창 시절에는 공부 열심히 해서 좋은 대학 가는 게 목표였고, 대학가서는 좋은 직장 가는 게 성공의 지름길이라 생각했다. 20년차 직장인으로 살면서 내가 생각했던 성공은 나에게 오지 않았다. 남들보다 일찍 출근하고 늦게 퇴근했고, 남들보다 열심히 일했고, 남들이 싫어하는 일을 자진해서 했지만 성공과는 거리가 멀었다.

직장에서의 성공은 쉽지 않다는 결론을 내렸고, 나만의 삶을 살기로 했다. 상사의 눈치, 동료의 경쟁, 후배의 행동 등을 신경 쓰지 않고 나만의 루틴대로 내가 원하는 삶을 사는 게 성공이라 생각했다. 남이 시키는 일만 하며 남에게 잘보이는 수동적인 삶이 아니라, 나만의 인생 철학을 가지고 능동적인 삶을 살고자 했다.

천정은

그 첫 번째가 바로 작은 루틴을 지키는 거였고, 직장만 바라보는 사람이 아닌 내 삶에서 내가 가고자 하는 목표를 한 걸음씩 걸어가는 거였다. 불안하고 우울한 직장인의 삶에서 독서를 하고 책을 쓰면서 내면의 힘을 기르게 되었다. 남의 사소한 한마디에 잠 못 이루고, 남의 이야기에 신경이 곤두섰던 나에게 책과 글쓰기는 인생에서 중요한 것이 무엇인지, 내가 왜 삶의 중심이 되어야 하는지를 알려 주었다.

새벽 4시, 암흑 같은 찬 공기를 느끼면서도 눈이 떠진 이유는 직장에 가야 하기 때문이 아닌 내가 오롯이 나로 살기 위함이다.

아이 셋을 육아하고 워킹맘으로 살면서 독서와 책쓰기 하는 시간을 확보하는게 쉽지 않지만, 나만의 작은 루틴으로 나는 책 6권을 집필하고 1,000권의 책을 읽었다. 쉬는 날과 새벽시간은 나 혼자만의 시간을 가졌고, 혼자만의 시간에 독서와 글쓰기를 습관처럼 했다.

요즘 누가 책을 읽어? 누가 책을 사서 봐?라고 말하는 무식한 사람들의 말 한마디에 화가 치밀지만 그 사람의 반복된 하루는 변함 없고 발전 없는 노후뿐일 것이다. 작은 변화라도 하기 위해서는 작은 루틴을 만들어서 습관화해야 한다. 똑같은 하루가 아닌 특별한 하루를 만드는 건 각자의 몫이다. 작은 변화의 시작을 통해 진정한 자신을 찾기를 바란다.

둘째는 자기 자신으로 살아야 한다. 직장 생활을 하다 보면 타인의 눈치를 보고 집단의 무리에 들어가야 한다. 퇴근 후에 상사의 비위를 맞추며 운동도 같이 가야 하고, 술도 마셔야 하고, 지갑도 먼저열어야 한다. 직장 생활을 잘하는 것도 중요하지만 자기 자신이 어떤 삶을 살고 싶은지 중심을 잡아야 한다.

나는 퇴근 후 혼자만의 시간을 중요하게 생각한다. 상사가 내 목줄을 잡고 있어도 나는 제2의 나만의 무기를 만들었다. 독서와 글쓰기뿐 아니라 도움이 되는 강의도 듣고 자기 계발을 위해 15%정도를 나 자신에게 투자했다. 직장 이외의 다른 곳에서 얻을 에너지가있어야 직장 생활이 조금은 편했다. 도서관에서 강의도 듣고 독서도하면서 또 다른 준비를 미리미리 했다.

세 번째는 자신만의 공간이 있어야 한다. 퇴근 후 집에 가면 눕고싶고, 영화 보고 싶고, 자고 싶은 유혹은 누구에게나 있다. 누군가는그 유혹을 뿌리치고 자신만의 공간에서 책을 읽고, 글을 쓸 것이고,누군가는 영양가 없이 TV를 보고 잠든다.

나는 집에 있으면 집안일이 눈에 보이고, 집안일을 하다 보면 내시간은 절대 생기지 않는다는 걸 경험했다. 무조건 퇴근 후 집안일을 대충 끝내고 도서관으로 향했다. 나만의 공간에서 글을 쓰고 책을 읽는다. 피곤해서 눈을 비비면서도 책을 읽는다. 단 10분이라도말이다.

천정은

그런다고 인생이 바뀌냐고 물어본다면 안 바뀐다. 대신 독서를 통해 강한 멘탈을 갖게 되었고, 책을 쓰면서 나 자신으로 살게 되었다. 이 정도면 아무것도 하지 않고 사는 삶보다 낫지 않은가? 불안한 시대에 말로만 불안하다고 떠들지 말고, 자신만의 공간에서 뭐라도 해보자. 어제의 나보다 한 발짝만 걸어 가다보면 훗날 먼발치에서 웃고 있는 자신의 모습을 보게 될 것이다. 응원한다. 당신의 삶을.

불안한 직장인의 하루

나 이대로 괜찮은 건가? 학창시절 안정된 직장이 최고라며 책상에 하루 종일 앉아서 공부했고, 안정된 직장인이 되었지만 하루하루 불안한 마음을 감출 수가 없다.

직장인 20년 차 똑같은 업무 똑같은 사람 똑같은 환경이지만 도돌이표로 살아가는 내 삶에 대해 만족할 수가 없었다. 안정된 직장에 취업했지만, 부정적인 사람은 어딜 가나 있고, 나의 업무 스킬은 제자리걸음이고, 젊은 사람들이 넘쳐나는 이곳에서 살아남기는 쉽지 않았다.

상사의 지시에는 늘 긍정적인 대답을 해야 했고, 내 생각 따윈 중요하지 않았다. 아부하는 동료들 사이에서 왕따 되는 건 쉬웠다. 삭

천정은

막한 분위기에서 자칫 한 발자국만 나가면 낭떠러지로 떨어지는 게 직장인의 고된 삶이었다.

젊었을 때는 사표를 과감히 던졌지만, 한 해 두해 나이가 먹을수록 사표는 절대 내면 안된다는 고정관념만 내 머릿속에 박혔다. 내 나이에 받아주는 곳이 있을까? 싫은 상사 보기 싫어서 나가고 싶은데 용기가 없다. 내가 그동안 쌓은 커리어로 이직할 수 있을까? 다른 곳은 왠지 천국일 거 같아서 오늘도 구직 사이트를 뒤적거려본다.

직장이라는 굴레에 갇혀 살면서 내가 배운 것은 조직생활에서 생존하기 위해서는 아부와 애교는 필수라는 것이다. 싫어도 내 시간 빼서 상사와 술 한잔할 줄도 알아야 하고 함께 운동도 할 줄 알아야 한다.

정반대인 내가 직장 생활에서 살아남긴 쉽지 않았다. 아부와 애교를 좋아하지도 않은 사람 앞에서 한다는 것 자체가 말이 안 됐고, 내 시간을 남에게 뺏길 정도로 남에게 잘 보이고 싶지 않았다. 당연히 조직생활에 맞지 않는 사람이 바로 나였다.

직장에서는 맡은 일에 최선을 다하고, 퇴근 후에는 각자의 시간을 존중 해주는 게 당연하다고 생각했다. 당연하게 생각한 내 생각이 틀렸다. 자연스레 나만 빼고 다들 아주 절친한 사이가 되었다.

퇴근 후 공연도 보러 다니고 술도 마시러 다니며 언니 동생이 되었다. 직장에서는 어제의 일을 되풀이하며 서로 끈끈한 우정을 과시했다. 자연스레 그들의 이야기에 낄 수도 없었고, 끼고 싶지도 않았다. 인간관계에는 적절한 거리가 있어야 한다며 적절한 틈을 두었다. 외로운 직장 생활을 해야 했던 시간이었지만 나는 그들의 끈끈한 우정이 결코 좋아 보이지 않았다. 자신의 시간보단 타인의 시간에 맞춰 사는 삶이 옳다고 생각하지 않았다. 물론 자신이 만족한다면 할 말은 없지만, 몇 달 뒤엔 각자 욕하기 바빴다. 어울려 다니며 함께 했던 추억은 남보다 못한 사이가 되는 걸 보면서 안타까웠다.

직장이라는 울타리에서 직장인으로 잘 살기 위해서는 첫째 자신만의 철학이 있어야 한다. 나는 직장에서는 맡은 일에 최선을 다하고, 책임감 있게 일한다는 내 철학이 있다. 인간관계는 절대 가깝지도 멀지도 않아야 한다. 말 많은 사람보단 침묵을 선택하자. 등 나만의 철학이 있다.

둘째 퇴근 후에는 직장 이외의 자기계발을 해야 한다. 직장만 믿고 평생직장이라고 생각하며 산다면 훗날 후회하는 날이 찾아온다. 월급의 15%정도는 자기계발에 투자한다. 나의 경우는 책을 사는데 돈을 아낌 없이 쓰고, 강의를 듣는데 투자한다.

셋째 노후준비는 미리미리 해야 한다. 아이 키우고 빚 갚아야 하는데 무슨 노후준비냐고 반문할 수도 있겠지만, 자신의 노후준비를 위해 조금씩 저축해야 한다. '나중에 여유가 생기면 할 거야'.라는 말

천정은

은 핑계다. 평생 여유는 생기지 않는다. 아이의 교육비는 빚을 내서라도 시키면서 자신의 노후 준비는 하지 않는다면 훗날 후회하게 된다. 아이의 교육비를 줄이고 작은 돈이라도 노후준비를 미리미리 해야 한다. 나는 세 명의 아이를 키우면서 학원보단 문제집을 사서 풀게 했고, 고등학생이 되고 나서 최소 학원 1개만 보내고 있다. 딸아이가 보내달라고 사정해서 딸 아이만 학원을 보내고 있다. 나머지 아이들은 인강을 듣고 문제집으로 스스로 공부한다. 고등학생 학원비는 생각보다 비싸서 더 보낼 수도 없다.

불안한 직장인으로 살고 있는 나는 직장이 있을 때 부지런히 모아야 한다고 생각한다. 언제 나가야 할지 모르기 때문에 직장이라는 울타리를 잘 이용해야 한다.

영원한 건 없다. 때가 되면 언젠가는 은퇴를 하고 혼자만의 시간을 잘 보내야 한다. 은퇴를 하며 눈물을 보이기보단 웃음을 보일 수 있도록 미리미리 준비하자. 불안한 직장인이지만 자신만의 무기를 가지고 퇴사한다면 이 험난한 세상에서 또 다른 기회가 오지 않을까? 그러기 위해선 '오늘'이라는 시간을 잘 보내야 한다.

싫으면서도 좋은 척
좋으면서도 싫은 척

내 감정을 솔직하게 표현하지 못한 채 살았다. 하루 중 가장 오랫동안 시간을 보내는 직장이라는 곳에서 가면을 쓴 채로 웃고 울었다.

상사의 잘못된 지시에도 따라야 했고, 동료의 자랑에 부러움을 드러내야 했고, 후배의 재롱에 박수를 치며 큰 리액션을 했다. 솔직한 내 감정을 표현 하지 못한 채 조직에서 살아남기 위해선 남 눈치 보는 게 일상이다.

상사는 늘 자기가 하기 싫은 일을 떠넘겼고, 동료는 관심 없는 이야기를 하느라 정신없고, 후배는 분위기를 띄우려고 애쓰는 모습이

천정은

었다. 직장에서 나는 몇 개의 가면을 바꿔쓰며 살았다. 대외적으로 친절한 직원은 알고 보면 자기밖에 모르는 이기주의자였고, 무뚝뚝하다며 왕따 당하는 직원은 알고 보니 진국이었다. 다들 자신만의 가면을 쓰며 하루하루를 버티는 모습이었다.

직장에서 인생을 배웠다고 할 정도로 나 역시 사람의 양면성, 이중성격, 가식, 체면, 권력등을 생각하게 되었다. 삶의 본질에 대해 생각하게 되었고, 직장인으로서 본질에 충실하려고 애썼다.

나 역시 직장인 20년 차 몇 군데 이직을 하면서 생각했다. 이미 만들어진 조직에 들어가는 게 왜 이렇게 힘든 걸까? 기존 세력들은 왜 새로운 사람을 못 잡아먹어서 안달일까? 태움 문화라는 말이 괜히 있는 건 아니다. 자연스레 내 감정을 숨기고 늘 웃고 친절해야만 했다. 살아남기 위해서. 조직생활에 적응하기 위해서 말이다.

조직생활에서 살아남는 건 생각보다 어렵다. 아무리 잘해도 못된 사람들 한 두명은 나를 잡아 먹으려고 했다. 인성이 바닥인 사람 한두 명은 어딜 가나 존재했다. 시기, 질투심, 욕심으로 사람을 못살게 굴었다. 내가 너보다 경력이 많다. 내가 더 잘 났다. 뭐..이런 식의 이유 없는 괴롭힘이다. 이런 욕심이 한 사람을 바보로 만들고 왕따를 시킨다.

조직문화에 흡수되기 위해선 내 감정 따윈 중요치 않다. 머리를 낮추고 최대한 상대를 존중해야 했다. 그나마 이렇게 해서 조직문화에 흡수되면 다행이지만, 이마저도 무시하는 사람이 있기에 직장 생활이 쉽지 않다.

잠시 아르바이트를 하기 위해 동네 앞 의원에 이력서를 냈다. 원장은 경력 많은 나를 마음에 들어 했지만, 문제는 기존의 있었던 어린 간호사들의 반대가 심했다. 나이 많은 나를 불편하다고 했고, 자신보다 경력 많은 내가 싫다고 했다. 나이와 경력 따윈 생각하지도 않고, 굳은일까지도 하겠다는 알바 지원은 그렇게 불합격하게 되었다.

이미 형성된 조직문화에 들어간다는 건 생각보다 쉽지 않다. 힘들게 조직문화에 흡수되더라도 몇 개의 가면을 바꿔가며 일해야 했다. 좋은 일이 있어도 자랑하지 않고, 싫은 일이 있어도 말하지 않았다.

때론 침묵이 답이라는 생각이 든다. 인생에 슬픈 날과 즐거운 날이 공존하듯 우리의 직장 생활도 순조로운 날과 공포스러운 날이 있다. 히스테리 부리는 상사의 한마디에 직장 내 분위기는 살얼음판이 되고, 조용하게 그럭저럭 넘어가는 날은 평온한 날이다.

눈치 보며 살아야 하는 직장인의 삶이 때론 고달프지만, 그러기에 우리는 퇴근 후에 자신의 감정을 잘 가다듬고 솔직한 '나'로 살아야 한다. 나 역시 직장에서는 싫어도 웃고, 웃고 싶어도 참아야 했다. '나'보다 '남'의 눈치 보느라 피곤한 삶을 살았다.

대신 퇴근 후에는 나는 나와의 대화도 하고, 가면을 벗어던진 채

천정은

울고 싶으면 울고, 웃고 싶으면 웃었다. 가장 편한 상태로 '나'를 살펴보았다. 타인의 한마디로 상처받기도 하고, 타인의 한마디로 힘이 나기도 하지만 타인으로 인해 좌지우지되기보단 나의 존재 자체만으로 괜찮은 나를 안아주고 다독거렸다.

직장인 20년 차 나는 인생을 직장에서 배웠을 만큼 냉혹한 직장 생활을 견뎠고, 왕따 아닌 왕따가 되어 보기도 했고, 가면을 바꿔쓰며 살았다. 지금의 나는 직장 이외의 시간에는 나 혼자만의 시간에 나의 감정을 잘 보살피며 살고 있다. 나 혼자만의 시간에 나의 감정을 돌봤기에 지금까지 직장 생활을 할 수 있었다.

나의 이름을 불러주고, 나의 감정을 느끼며 솔직한 나와 만난다. 이런 시간이 있기에 남의 말 한마디에 상처를 받거나 남의 칭찬에 춤을 추는 일은 없다. 그냥 있는 그대로의 나는 나다. 자신을 사랑해 줘야 하는 사람도 자신을 위로해 줘야 하는 사람도 나 자신뿐이다.

작은 변화를 시작하다
루틴을 정하다

　지치고 힘든 직장 생활에서 내가 실천한 한 가지는 나만의 작은 변화를 실천했다. 직장에 있을 때는 직장인으로서의 삶을 살지만 그 이외의 시간은 나를 위해 살았다. 우선 나는 독서를 사랑하게 되었다. 책이라곤 교과서밖에 안 봤던 내가 독서를 시작하면서 하루를 보람차게 시작하게 되었다. 반복된 일상에 지쳐갈 때쯤 독서를 시작했고, 지금의 나는 잠자기 전 30분 아침에 눈뜨자마자 20분은 독서를 한다. 물론 쉬는 날에는 하루 종일 책을 읽는다.

　독서는 나의 습관이 되었다. 책 읽는다고 인생이 바뀌냐는 무식한 질문을 하는 사람도 종종 있다. 독서를 하고 난 후, 나는 우울증이 좋아졌다. 인생이 슬프고 우울했던 한때 독서를 통해 슬프고 우울했

천정은

던 작가들과 이야기를 나눌 수도 있었고, 인생에서 내려놓는 방법도 알게 되었다.

복잡하고 뒤죽박죽한 생각이 독서를 통해 정리가 되었고, 고민은 30분만 하기로 결론을 내렸다. 독서를 통해 인간관계를 편하게 생각할 수 있게 되었고, 몰랐던 분야의 부동산 공부도 시작하게 되었다. 내 인생에 있어서 독서는 답답하고 불안한 생각에 신선한 공기를 주입해주는 양분이다.

우리 집 아이들도 독서 교육을 시켰다. 아이 어릴 적에는 전국 도서관을 돌아다녔고, 저녁 먹고 1시간은 독서시간을 가졌다. 공부하지 않아도 괜찮으니 책만 읽자는 게 우리 집 목표다. 아이들 한글 공부도 책을 통해 시켰고, 독서를 통해 자기 주도 학습을 하게 되었다.

책을 통한 효과는 이뿐만이 아니다. 나는 독서를 천권 이상 할 때쯤, 책을 쓰고 싶다는 생각을 하게 되었다. 학창시절에는 국어를 가장 못했던 내가 글을 쓰고 싶다는 생각을 갖게 된 것도 독서의 효과다. 책 한 권 써보지 않았던 내가 용기를 내서 책 한 권을 쓰기 위해 새벽에 찬물로 세수하고 노트북 앞에 앉아 있게 되었고, 답답한 직장 생활이 조금은 편해지게 되었다.

처음 책 쓰기를 할 때는 무엇을 써야 할지, 제목은 어떻게 정하는지 모른 채로 책쓰기 관련 책만 읽었다. 네가 무슨 책을 써? 요즘 누가 책을 읽어? 책 써서 돈 못벌어.라는 부정적인 소리도 들렸다. 그런 소리를 무시하고 나는 하루에 1시간씩 책을 쓰기로 했다.

답답한 직장 생활을 못 견딜 때, 상처받았을 때, 불안할 때마다 책을 썼다. 딱히 쓸 소재가 없고, 떠오르지 않아도 노트북을 켜고 책상 앞에서 내 생각을 써 내려갔다. 루틴처럼 하루의 시작을 독서나 책 쓰기로 시작했다. 출판사에 출간되지 않더라도 취미로 시작했다. 처음 시작은 생각나는 대로 아무렇게 썼다.

쉬는 날에는 가장 먼저 도서관에 도착한다. 줄 서있는 사람과 눈인사를 하며 '하루'라는 시간을 잘 보내기로 다짐한다. 도서관 문이 열리면 가장 구석진 자리를 잡고 노트북을 켜고 책을 쓰기 시작한다. 쉬는 날이 기다려지는 이유다. 이런 루틴으로 하루를 시작하고 책을 쓰다 보니 어느덧 6권을 출간한 작가가 되었다. 물론 많은 돈을 벌지도 못하고, 많은 책이 팔리지도 않는 초보 작가에 불과하다.

다만 나는 나 자신을 인정한다. 하루하루 작은 루틴으로 책 쓰기를 시작하고 독서와 책 쓰기를 시작하면서부터는 나는 통찰력을 갖게 되었고, 혼자만의 시간을 잘 보내게 되었다.

인생의 긴 여정에 자신이 하고자 하는 일, 자신의 목표를 이루어 나가는 것처럼 뿌듯한 것도 없다. 아무런 생각 없이 직장에서 직장인으로만 살면 딱 거기까지밖에 발전하지 못한다.

자신은 어떤 사람이 되고 싶은가? 자신의 목표는 무엇인가? 생각하며 살아야 한다.

천정은

많은 돈을 벌고 싶은 사람은 책쓰기가 맞지 않을 수도 있지만, 돈보단 나 자신으로 살아가고 싶은 사람에게 책 쓰기는 행복의 작은 요소가 될 수 있다.

남이 정한 기준에 내 삶을 맞추는 게 아닌 내가 정한 기준으로 내 삶을 살아야 한다. 피곤한 직장 생활에 침대와 한 몸이 되거나, 술 한 잔 기울이며 남과의 수다로 시간을 보낸다면 훗날 자신이 할 수 있는 일은 없다.

자신의 인생에 작은 변화를 위해선 지금 당장 생산적인 일을 해야 한다.

내 지인은 책은 읽고 싶은데 혼자서는 의지가 부족하다고 했다. 나는 독서 모임의 가입을 추천했고, 지인은 우연히 독서 모임에 참여했다. 동네 독서 모임이라 큰 기대 없이 갔는데 한 달에 1권 이상 책 읽는 사람이 대부분이라며 자극을 받았다고 했다. 동네 아줌마들과 수다 떨며 시간을 보내며 영양가 없는 하루에서 지금은 일주일에 한번 독서모임에서 새로운 배움을 얻는다고 한다. 지인은 요즘 독서에 빠져서 산다. 독서 모임에서 자신의 의견을 이야기하고 자신과 다른 의견을 들으면서 새로운 견문을 갖게 되었다.

무엇이 되었든 생산적으로 시간을 보내야 한다. 생산적으로 시간을 보내는 대표적인 방법이 바로 공부다. 독서 공부가 되었든, 요리 공부가 되었든 배움을 통해 생산적인 사람이 되어야 한다. '피곤해서 못해' '야근해서 안돼' '할 줄 아는 게 없어',라는 핑계를 대기엔 이 시간은 다시 오지 않는다는 걸 명심해야 한다. 작은 변화의 시작이 무엇이 되었든 지금 당장 시작해야 한다.

최근에 읽었던 책의 내용을 소개해 볼까 한다.

도돌이표로 살아가는 직장인이 서울의 야경을 보면서 저 많은 집 중에 내 집 한 채 없는 것의 속상함을 느끼며 부동산 공부를 시작한다. 야근하고 늦게 끝나도 새벽에 임장을 갔고 주말에는 새벽부터 타지방을 돌며 다음날 새벽이 되어서야 식구들이 깰 까 봐 살금살금 집에 들어간다. 온몸이 땀 범벅이 되고 발은 끊어질 듯 아팠지만 참고 전국을 돌아다녔다. 어린 자녀를 보면서 이 악물고 부동산 공부를 시작하며 강의를 듣고 임장을 하며 시간을 투자한 결과 현재는 많은 자산을 이루게 되었다. 이 책을 읽으면서 이 작가처럼 치열하게 살았던 때가 있었나? 반문하게 되었다. 치열한 오늘을 보내고 있는가?

천정은

도서관이라는 공간과 자투리 시간

　퇴근 후 녹초가 된 몸을 이끌고 집으로 들어선 순간 혼자만의 시간이 간절해진다. 현실은 싱크대 안에 쌓여있는 그릇을 설거지해야 하고, 빨래대에 널어져 있는 옷을 개고 세탁기를 돌리고 청소기까지 나를 기다리고 있다.

　이건 시작에 불과하다. 저녁 준비를 위해 냉장고를 열면 텅 빈 공간에 생수 몇 병과 신 김치, 달걀, 각종 양념류들만 덩그러니 놓여있다. 아무리 황금손이라고 하더라도 김치 볶음밥을 일주일 동안 먹을 수는 없다.

　아침부터 아이들의 불만 소리를 들었던 터라 뭔가 맛있는 음식을 해내야 했다. 지친 몸을 이끌고 자전거를 타고 집 앞 마트로 부리나케 페달을 밟는다. 찬바람에 콧물은 흐르고 머리는 미친년처럼 휘날리고 맨손은 꽁꽁 얼어버렸다.

마트에서 이것저것 장을 보고 자전거 앞 바구니에 넣다 보면 바구니 안에 들어가지 못한 몇몇의 과일들이 나를 당황하게 만든다. 딸기를 외쳤던 딸아이를 위해 딸기를 샀는데 '아뿔싸' 바구니 안에 들어가질 않는다. 어쩔 수 없이 자전거에 있는 짐을 가방에 담고 딸기를 들고 걸어왔다. 부리나케 저녁을 먹은 후 한숨 돌릴 때쯤 내 자전거가 생각나 다시 마트 앞까지 부리나케 걸어간다.

이런 일상이 익숙하다 보니 자기계발은 엄두도 못 냈다. 반복된 일상에 지쳐갈 때쯤, 직장만 바라보고 사는 나 자신이 한심하게 느껴졌다.

어느 순간 직장에서 나가라고 하면 내가 어디로 가야 할지. 내가 할 줄 아는게 무엇인지, 현실을 직시하게 되었다. 작은 변화가 절실했다.

책 쓰기를 시작하면서부터는 어떤 일이 있더라도 30분 이상은 나만의 공간에서 책을 쓰고 있다. 일부러 시간을 내지 않으면 내 일상은 집안일하는 걸로 가득 채워질 수밖에 없다. 매일 돌린 빨래를 이틀에 한번으로 줄였고, 일주일 식량을 미리 사놓았다. 어영부영 집안일만 하다 보니 시간은 눈 깜짝할 새에 지나갔고 자기계발 할 시간조차 없었다.

천정은

우리 집 앞 도서관은 9시까지 운영을 한다. 저녁을 먹고 설거지를 하고 난 후 나는 노트북을 들고 도서관에서 책을 쓴다. 30분 쓸려고 거기까지 간다고?라고 생각하면 오산이다.

그렇게 자투리 시간에 책을 썼더니 6권의 책을 출간할 수 있었다. 일부러 시간과 공간을 찾아가지 않았더라면 집에서 축 늘어져서 아무것도 하지 않고 반복된 일상에 그럭저럭 살게 된다.

30분이라는 자투리 시간에 나는 책 목차를 완성하고 한 꼭지 한 꼭지를 쓰다 보니 6권의 저자가 되었다. 30분을 위해서 도서관까지 가야 하나?라고 생각한다면 나는 기꺼이 가야 한다고 생각한다. 집에 있으면 눈에 보이는 게 집안일이고, 게을러지는 게 습관이다. 한 꼭지라도 쓰고 오고, 책 10페이지라도 읽고 오면 뿌듯하다.

조용한 공간에서 다들 자기 계발을 위해 모인 사람 사이에서 얻어지는 에너지는 크다. 집 안에서 혼자 쓰는 것도 괜찮지만, 다른 사람이 공부하는 모습, 열정을 느껴보면 다르다.

나는 매일 (도서관 휴관일) 빼고는 30분씩 책을 쓴다. 약속이 있더라도 도서관에서 30분 책을 쓰고 간다. 우선순위를 책쓰기로 정한 순간부터 나의 일상은 도서관에서 자투리 시간에 책쓰기가 되었다. 여유가 있으면 1시간, 2시간 더 있고 싶다. 출근하는 워킹맘이라서 긴 시간을 빼지 못하지만 30분이라는 시간은 나에게 책 6권을 출간하게 만들었다. 책 쓰기를 통해 나는 목표가 생겼고, 도서관을 더 좋아하게 되었으며, 시간의 소중함을 절실히 깨달았다.

도서관이라는 공간에서 내 목표를 하나씩 이루어 나가는 나 자신을 보면서 엄지 척을 해주기도 했고, 고생했다며 안아주기도 했다. 누구나 자기가 좋아하는 공간이 있다. 누군가는 커피숍일 수도 있고, 누군가는 헬스장일 수도 있다. 그 어떤 공간이 되었든 그곳에서 자신의 꿈을 향해 한 발짝 다가갔으면 좋겠다. 쓸데없는 수다로 시간을 보내고, 운동은 숨쉬기만 하는 걸 자랑삼아 이야기하는 게 아닌 자신의 이야기를 써보고, 건강을 위해 30분이라도 운동한다면 인생은 바뀐다.

성공하는 인생까지는 아니지만 도돌이표로 사는 지루함은 없다. 자투리 시간을 생각 없이 흘러 보내거나 영상을 본다면 허무함이라는 결과물만 남는다. 자신의 인생에 어떤 결과물을 남기고 싶은가? 당신은 어떤 인생을 살고 싶은가?

자투리 시간을 우습게 볼 것인가? 30분이라도 자신을 위해 투자할 것인가?

천정은

불안한 삶의 변화가 필요하다

멈추지 않고 열심히 달렸다. 학창 시절에 책상 앞에서 불만 불평하지 않고 공부했고, 직장에 들어가서는 상사의 지시를 잘 따랐고, 번아웃이 와도 참고 견뎠다.

결혼해서 세 아이를 독박 육아하면서도 '엄마라는 역할은 원래 힘든 거야.' 라며 스스로 위로했다. 누군가에게 고민을 털어놓는 것도 사치라 생각하며 혼자 묵묵히 견뎠다. 친정이나 시댁 식구가 육아를 도와주는 친구들이 부러웠고, 맞벌이하지 않아도 먹고 싶은 거 사 먹고 주말에 놀러 가는 친구를 보며 부러웠고, 마당발을 자랑하는 친구가 부러웠다.

불안함과 우울함으로 하루하루 견디는 내 삶과는 달라도 너무 달랐다. 어느 날 거울 속의 내 모습이 보였다. 불만과 우울함으로 얼굴에는 눈물이 보였고, 두통과 만성피로로 눈뜨기조차 힘들어 보였다. 작은 변화가 필요했다.

당장 밖에 나가서 스트레스를 풀 수도 없었고, 누군가에게 나의 고민을 털어놓을 수도 없었다. 여유 없는 삶은 나를 더 힘들게 했다.

그때 처음 시작한 독서는 내 삶의 작은 파동을 일으켰다. 한 권 두 권 책을 읽다 보니 남과의 비교는 불행의 시작이라는 걸 알게 되었다. 독서를 통해 나의 인생을 뒤돌아보니 내 인생에 '나'라는 사람이 없었다. 늘 학생으로서 직장인으로서 엄마로 사는 삶에만 충실했다. 행복 따원 사치라 생각하며 진정한 '나'의 감정 따원 중요하지 않았다.

진정한 '나'를 찾기 위해 독서를 시작했고, 새벽 4시에 떠오르는 태양을 보며 하루를 시작했다. 평범한 일상의 감사함을 잘 알기에 하루라는 시간이 소중했다. 독서로 하루를 시작한 나는 천 권의 책을 읽으면서 내 책 한 권 출간하고 싶다는 소박한 꿈을 꾸게 되었다.

작가라면 아는 것도 많고 지적일 거라는 생각에 글을 쓴다는 것 자체를 엄두도 내지 못했다. 그런 나에게 변화의 첫 시작은 책 쓰기였다. 독서를 하면서 '내 책 한 권을 쓰고 싶다'라는 작은 소망은 지금 책 6권을 출간하는 작가가 되었다. 초보 작가라 유명하지도 않고, 많은 인세를 받는 것도 아니지만, 나는 내 삶의 '나'라는 존재 이

천정은

유를 알게 되었다.

독서와 글쓰기를 통해 '나'라는 사람과 만나고, '나'를 알게 되었고, '나'를 돌보게 되었다. 책에 대해 무관심하고 무식한 사람들은 말한다. 요즘 누가 책을 봐? 유튜브가 대세 아니야? 라고 한다. 돈 벌지도 못하는 책을 왜 써?

사람마다 행복의 가치와 기준은 다르다. 누군가는 돈이 될 수도 있고, 누군가는 인맥일 수도 있고, 누군가는 명예일 수도 있다. 다만 돈도 인맥도 명예도 영원하지 않다는 것이다. 짧다면 짧은 인생에 우리는 '나'라는 사람에 대해 잘 알아야 한다.

나는 독서를 하고, 책을 쓸 때 살아있는 '나'를 만난다. 지친 직장생활에 지친 육아에 지친 삶에 억지로 끌려가는 삶이 아닌 진정한 '나'를 만나는 이 시간이 나에게는 값진 시간이다. 불안한 삶에 이러지도 저러지도 못했던 지난 시간 동안, 나는 새벽 4시 독서를 하고 책을 쓰면서 '나'라는 사람은 이 시간이 가장 좋고, 행복하다는 걸 알게 되었다.

사람을 만나서 웃고 떠들며 술을 마시고, 상사에게 잘 보이기 위해 주말까지 반납하고, 자신의 명예를 위해 이 악물며 버티는 삶이 아닌 오롯이 나의 작은 행복을 위해 도서관 한 귀퉁이에서 커피 한 잔과 책 한 권으로 하루를 시작하고, 책을 쓰고 잔잔한 미소로 하루를 마무리하는 게 나에게는 진정한 삶이구나.라고 깨달았다.

진정한 삶이란 남에게 잘 보이기 위함이 아닌 '나'를 위한 삶을 잘 살아내는 것이구나.라는 걸 중년이 돼서야 깨달았다. 더 이상 남이 정한 성공의 잣대에 나를 맞추는 삶이 아닌 나의 목표를 위해 내가 한 걸음씩 성장하는 사람이 되어야 하는구나… 깨달았다. 불안한 시대에 불안한 삶에 가장 중요한 건 '나는 어떤 사람인가'. 진정한 '나'에 대해 알아야 한다. 우리의 삶은 영원하지 않기에 오늘 지금, 이 순간에 '나'를 만나야 한다. 나는 오늘도 나를 만나기 위해 도서관 한 귀퉁이에서 이 글을 쓰고 있다. 인생의 우울함과 공허함을 느끼며 시작된 독서와 책 쓰기는 앞으로도 계속 될 것이다.

천정은

독서와 글쓰기는 내 삶의 윤활유

안정된 직장에서 월급 받는 게 최고인 줄 알고 살았다.

20년 동안 직장인으로 살면서 수동적인 자세로 살았다. 아무 생각 없이 시키는 일만 하고, 생각하며 사는 삶이 아닌 사는 대로 생각했다. 생각 없이 사는 삶은 나를 비참하게 만들었다. 우선 할 줄 아는 일이 직장일밖에 없다. 창의적으로 무언가를 생각해 내는 게 쉽지 않았다. 답답한 일상에 지칠 때쯤 무작정 책을 읽었고, 책을 통해 수동적인 삶이 아닌 능동적인 삶을 살아야 함을 배웠다.

생각하며 살아야 한다는 걸 독서를 통해 뒤늦게 배웠다. 책 1,000권을 읽고 나서 책을 써야겠다는 생각이 들었다. 정답도 없고, 누군가 시키는 일도 아니고, 그냥 내 이야기를 쓰고 싶다는 생각이 들었다. 빈 여백에 무엇을 채워 넣어야 할지 막막해서 몇 자 적다가 지우기만을 몇 번을 했다. 하고 싶은 말, 해야 하는 말을 적다 보니 한 권두 권 책이 출간되었고, 그렇게 6권의 저자가 되었다. 돈을 많이 벌기 위함도 아니고, 유명해지기 위함도 아니지만 나는 책을 쓰면서나의 루틴이 생겼고, 도서관이라는 공간을 좋아하게 되었으며 자투리 시간을 잘 사용하게 되었다.

요즘 종이책을 읽는 사람이 줄어들고 있다. 재밌는 콘텐츠가 너무나도 많고, 스마트폰 없이는 살 수 없는 시대다. SNS는 우리에게즐거움과 많은 정보를 준다. 대신 보고 나면 남는 게 하나도 없다.콘텐츠나 SNS는 내 것이 될 수가 없다. 남이 올린 게시물에 '좋아요'.를 누르며 부러워하고, 남이 웃고 떠드는 콘텐츠를 보며 대리만족할 뿐이다.

생각하는 삶이 아닌 그냥 남의 부러운 삶을 더 부러워하며 자괴감만 느끼게 된다. 남이 올린 게시물을 보며 자신과 비교하고, 남의 행복한 모습에 나만 가장 불행하다며 자존심만 상한다. 그러면서도 또보고 또 본다. 변화지 않는 일상인 줄 알면서도 중독된다.

자신이 불행한 이유는 남과의 비교에서 시작된다. 종이책을 읽어야 하는 이유다.

나는 답답할 때마다 동네 서점을 찾는다. 인터넷이 아무리 발달되었어도 서점에 가서 직접 책을 보고 고르는 재미는 생각보다 쏠쏠

천정은

하다. 새로운 신간 책을 한눈에 볼 수 있고, 관심 있는 분야의 책들을 한눈에 볼 수 있다.

책을 읽다 보면 남과의 비교가 부질없다는 것도 알게 되고, 자신이 어떤 인생을 살아야 할지 생각하게 되고, 시간을 어떻게 보내야 하는지도 알게 된다.

물론 영상을 통해 들을 수도 있지만 책만큼 생각의 깊이가 깊어지지 않는다. 종이책을 한자 한자 음미하면서 읽고 책장을 넘기며 다시 되새김을 하는 과정은 우리를 성장시킨다.

단편적인 정보만 제공하는 쇼츠 타입의 콘텐츠는 아무런 도움이 안 된다. 시간을 버리며 가벼운 즐거움으로 끝이다.

종이책은 다르다. 내가 좋았던 내용을 몇 번씩 볼 수도 있고, 줄을 긋기도 하고, 메모를 하기도 한다. 좋은 책은 2-3번 읽으면서 다가오는 깊이도 다르다. 처음 읽었을 때 보이지 않는 내용이 다시 보이기도 하고, 한 줄 한 줄 읽으면서 생각의 깊이도 깊어진다.

그냥 글만 읽고 끝내는 것이 아닌 생각하며 읽을 수 있다는 긍정적인 면에서는 종이책만 한 게 없다. 책을 쓰면서부터는 생각의 깊이가 더 깊어진다. 내가 아는 만큼 쏟아내야 하고, 생각하면서 한 자 한 자 쓰다보니 '나'라는 사람과 더 가까워진다.

직장에서 타인과의 관계 속에 살면서 가면을 쓰며 웃고 울었다. 지친 마음의 책 쓰기를 시작한 후부터는 나라는 사람과 친해지기 시작했다. 나라는 사람도 정말 괜찮은 사람이구나. 남에게 인정받기보단 나를 인정해야겠구나. 책 쓰기를 통해 우울하고 불안한 내 감정도 좋아졌다. 이유 없는 불안감으로 잠 못 이루고, 우울한 감정으로 견뎠던 지난 시간이 지금은 걱정은 30분만 하자. 우울할때는 독서를 하고 글을 쓰자.라며 도서관으로 향했다. 내 걱정과 고민을 들어주는 건 친한 친구나, 지인이 아니라 바로 글을 쓰면서 나 자신과의 대화였다.

수다로 술을 마시며 이야기할수도 있겠지만 그건 허무함만 남긴다. 괜히 내 약점을 이야기해서 소문나지 않을까 불안했고, 진실한 인간관계는 생각보다 쉽지 않다. 그럴 때마다 독서와 글쓰기를 통해 솔직한 나와 만났다.

전국을 떠돌며 살아야 했던 지난 시간 동안 워킹맘으로 육아맘으로 살면서 혼자라는 생각을 많이 했다. 낯선 도시와 낯선 직장에서 살아남기 위해 부단히 애썼다.

잔병치레가 많은 딸아이를 데리고 병원을 내 집 드나들 듯 다녔고, 2번이나 수술을 해야 했기에 병원에서 며칠을 간호해야 했다. 피곤함에 찌들어 풀썩 앉아서 그대로 잠들기도 했다. 힘든 시간이었지만 틈만 나면 책을 읽었고, 그렇게 나는 지금 글을 쓰며 어떤 환경에서든 살아남는 방법을 터득하게 되었다.

내 삶의 독서와 글쓰기는 내가 살아가는 이유가 되었다. 살면서

천정은

자신만의 숨구멍이 필요하다. 아무도 없는 곳에서 혼자라는 생각이 든다면 그건 자신만의 숨구멍이 없기 때문이다. 오롯이 자신을 위한 숨구멍을 찾아보자.

오늘도 글을 쓰는 천 작가

나에게 작가라는 호칭은 어색한 말이다. 유명 작가에게나 붙여질 법한 단어라는 생각에 누군가가 작가라고 하면 몸 둘 바를 모른다.

어느 날, 도서관 한쪽 구석에서 책을 읽다가 잠시 커피를 마시려고 도서관 밖을 나가려는데 뒤에서 큰 목소리가 들렸다. '천작가님' '천작가님' 순간 당황스러웠다. 나를 아는 사람이 있다고? 설마 나를?이라며 뒤를 돌아보는데 선글라스를 낀 중년의 아저씨의 목소리였다. 그 아저씨는 긴가민가한 눈으로 나를 바라보며 '천작가님 맞죠'?라며 웃음을 보였다. 네...맞는데..누구신지.. 저 기억 안 나세요? 그분은 신랑 직장 상사였다.

최근 내 책을 친한 선배에게 준다며 가져갔는데 그 선배였다. 우

천정은

연히 마트에서 만나서 인사를 나눈 적이 있다. 신랑은 선배에게 나를 소개했고, 그분은 천 작가님 반가워요.라며 나를 유쾌하게 만들었다. 그분의 눈썰미가 도서관에서까지 통할 줄 몰랐다. 천 작가라는 말을 들은 나는 몸 둘 바를 몰랐지만, 그날 하루 종일 미소가 번졌다.

천 작가님. 괜찮은 이름이다.

직장에서는 선생님이라는 호칭 외에는 달리 불리는 게 없다. 글을 쓰면서 천 작가라는 이름이 생겼다. 진정한 나로 살아간다는 느낌이다. 진정한 나로서 내가 좋아하는 독서를 하고 책을 쓰면서 나는 '천 작가'로 살고 있다.

도서관에 꽂혀진 내 책을 보면서 흐뭇한 미소를 지었다. 누군가 나를 알아봐 주지 않더라도 나는 나로서 잘 살면 된다. 인정받기 위해 살아온 삶을 벗어던지고 나 자신에게 인정받으면 된다.

오늘도 글을 쓰기 위해 도서관 한 귀퉁이에 자리를 잡았다. 직장인도 아닌, 엄마로서도 아닌, 아내로서도 아닌 오롯이 천정은 나 자신으로 살기 위해서 말이다. 살아가면서 나 자신으로 산다는 건 정말 소중하다. 시간만 나면 타인과 만나고 타인과 함께 시간을 보내고 자신이 누구인지도 모른 채로 남이 좋다는 여행을 다니며 가짜의 삶을 산다.

SNS에 알지도 못하는 글에 '좋아요'라고 누르면서 타인의 삶을 부러워한다. 그들이 진짜의 삶을 사는지 가짜의 삶을 사는지 알지도 못한다. 그냥 보이는 게 좋아 보이는 것 뿐이다.

진정한 자신을 알지 못하면 평생 가짜의 삶을 살다가 어느 순간 불행한 자신의 모습을 보게 된다. 자신이 누구인지, 자신이 무엇을 좋아하는지 자신과의 대화를 통해 알아야 한다.

나는 독서와 글쓰기를 통해 나를 알게 되었고, 하루 30분씩 독서와 글쓰기를 통해 내 삶을 뒤돌아 보았다. 혼자 있는 시간에 에너지를 얻는 사람이고, 작은 루틴을 통해 하루하루 충실하게 살고 있다.

평범한 직장인이지만, 평범하게만 살지 않기 위해 오늘도 글을 쓰고 책을 읽는다. 출간되지 않는 글이 쌓이고, 졸려서 책을 덮는 경우도 많지만 그럼에도 나는 독서와 책 쓰는 게 내가 사는 진짜의 삶이라는 걸 깨달았다.

무엇을 해야 할지, 무엇을 좋아하는지, 자신이 누구인지 모르겠다면 도서관에 가서 책부터 읽어보자. 글만 읽는 것이 아닌 글을 읽고 자신의 인생에 대입해 보고, 생각해 보면서 하루 30분을 투자해 보자.

당장은 아니더라도 조만간 자신이 무엇을 해야 하는지, 자신이 누구인지 알게 된다. 그냥 편한 대로 SNS만 보며 시간을 보내면 남는 건 남들에게 보내는 '좋아요' 밖에 없다. 그건 자신의 인생에 아무 도움이 안 된다.

천정은

자신 인생에서 변화의 첫걸음은 자신에게 집중하는 것이다. 빈 여백에 아무 글이라도 써보고, 책을 읽어보고, 자신을 관찰하면서 살다보면 진정한 나를 만나게 된다.

오늘도 글을 쓰는 천작가는 빈 여백에 한 줄 한 줄 글을 쓰고 있다. 이 책이 폐기가 되더라도, 출간이 안되더라도 괜찮다. 내 머리와 마음속에는 저장되어 있으니까. 영원히.

나는 나로 살아가고 있으니까.

오늘도 글을 쓰는 천 작가.

변화된 일상

직장인 20년 차. 불안한 삶의 연속이었다. 어떻게 살아야 할까? 늘 고민하고 물었지만 딱히 정답이 떠오르지 않았다. 작은 변화가 필요하다는 막연한 생각만 했다.

직장에만 올인하지 않고 나를 위한 작은 변화가 무얼까?에서 시작된 질문은 독서와 글쓰기로 나를 이끌었다.

'책 읽는다고 뭐가 바뀔까?' 라는 의심은 책을 읽을수록 삶의 목표가 생겼고, 불안했던 나를 용기 있게 바꿔주는 계기가 되었다. 부정적인 환경과 쓸데없는 잡음으로 물들어가는 나에게 독서는 긍정의 언어가 되어주었고, 내면을 단단하게 만들어주었다.

쉬는 날, 에너지 충전을 위해 독서를 하고 책 쓰기를 하는 나의 일

천정은

과는 내 삶에 작은 파동을 일으켰다. 나만의 공간에서 독서를 하고 책을 쓰다 보니 답답했던 긴 한숨에서 신선한 산소를 마시는 느낌이었다.

작은 루틴의 변화가 중요하다. 아무것도 하지 않고 직장에 목매어 사는 삶은 훗날 꽉 막힌 답답함일지도 모른다. 자신이 어떻게 살아야 하는지 무엇을 해야 하는지 고민해야 한다.

무엇을 해야 할지 모른다면 오늘부터 독서를 시작해 보자. 종이책을 사서 읽고 또 읽다 보면 답이 보인다. 작은 변화로 한 걸음씩 성장하다 보면 훗날 먼발치에서 웃고 있는 자신을 보게 된다.

'오늘' 그리고 '지금'을 잘 보내야 한다. 피곤한 몸으로 독서를 하고 글을 쓴 나 역시 6권의 저자다. 유명 작가도 아니고 돈을 많이 번 것도 아니지만, 나 자신에게만은 떳떳하다. 내가 나를 인정한다. 내가 하루 30분이라도 독서를 하고 글을 쓰는 이유다.

남에게 보이는 화려한 삶이 아닐지라도, 내면의 단단함을 갖게 되었고 삶의 이유를 알고, 나 자신에게 인정받는 삶은 값지다. 작고 작은 변화를 통해 우리는 나 자신으로 살아야 한다.

Chapter 4.

김지연

삶을 보다 더 생기있게

동기부여란 무엇인가?

　동기부여란 무엇인가? 나는 '인생을 살아가는 동력이 되는 거대한 힘'이라고 정의하고 싶다. 수많은 사람들이 매일 똑같은 총량의 시간을 보내면서 살아간다. 그럼에도 누군가는 늘 제자리이고 누군가는 앞서나간다. 어떤 이는 시키는 대로 살고, 누군가는 스스로 생각하며 산다. 누군가는 늘 불행하다고 생각하고 또 다른 누군가는 매일 행복하다고 말한다. 그 차이는 무엇일까? 바로 동기부여다. 확실한 동기부여의 메시지가 있는 사람은 눈빛이 다르고 마인드가 다르다. 타인과 자신을 대하는 태도가 여유가 있으며 과거보다도 미래를 보려고 한다. 과거는 보이는 것을 보는 것이며, 미래는 보이지 않는 것을 보는 것이다. 미래를 보는 건 건강한 상상력을 발휘하는 것

김지연

이다. 자신만의 목표가 뚜렷해지면 그에 맞는 노력을 하게 되어 있다. 그러한 과정에서 자신만의 특장점을 살릴 수 있고 숨은 능력을 이끌어낼 수 있게 된다. 이 모든 힘의 원천은 바로 '동기부여'에 있다. 동기부여는 외부에서 자극을 받아 내적으로 크게 움직이면서 발현된다.

동기부여는 자신감과 믿음이 시너지를 이루어야 실질적인 결과를 낸다. 기가 꺾이고 위축되어서는 그 힘이 제대로 발휘하기가 어렵다. 나를 둘러싼 대인관계를 돌아볼 필요가 있다. 인연이란 사실 내가 고를 수 있는 게 아니라 그저 주어진 현상과도 같은 것이다. 다만 내가 할 수 있는 것은 가까워질 것인지 멀어질 것인지 그 거리를 조정할 수 있는 정도다. 인연이 주어져도 내가 가까이하지 않으면 의미는 없어진다. 곁에 있으면 힘을 주는 사람이 있고, 반대로 억누르는 사람이 있다. 필연적으로 만난 사람이 기를 꺾는 사람들로 구성되어 있다면 동기부여는커녕 깊은 우울과 심연이 생기게 된다. 살아갈 방법이 아득해지고 모호해지며 깊은 불안감만 남게 된다. 혼자인 게 두려워져서 독이 되는 사람들과 유대관계에 집착하는 악순환에 빠지게 된다. 낮은 자존감으로 스스로를 타인과의 관계 속에서 가두는 것은 지독하게 운이 없는 것이다. 혼자 독립적으로 사고하기보다 단체로 어울리기를 강요받으면서 이러한 무기력함은 무섭게 인생에 스며드는데, 냉정하게 끊어내고 잘라내야 스스로 성장할 수 있다.

동기부여는 외부에서부터 비롯된다. 그러므로 타인과의 관계, 주변 환경과의 영향력과도 긴밀하게 연관되어 있다. 그러니 혼자 고립되어서는 동기부여를 하기가 어렵다. 타인과의 상호작용을 통해 동기부여의 계기를 만들 수 있다. 어떤 사람을 만나야 하는가? 좋은 사람을 만나야 한다. 그러나 그 사람을 겪어보지 않고서는 어떤지 알 수 없다. 좋은 사람을 만나 좋은 영향력을 받으면, 성장하기가 쉽다. 그 사람을 존경하고 따를수록 그 능력치는 배가 된다. 그러나 잘 되면 배 아프고 못 되면 비웃는 냉정한 세태 속에서 좋은 사람만 만난다는 운이 따를 리가 없다. 좋은 사람도 처음에는 좋은 사람이었다가 나중에는 슬쩍 바뀌기도 한다. 또한 다른 사람에게는 좋은 사람인데 나한테는 아닐 수도 있다. 그러므로 악연이라도, 사람을 못 만나도 그 속에서 긍정적인 메시지로 환원하여 스스로 동기부여 할 수 있는 능력이 필요하다. 그러려면 타인에게 휩쓸리지 않고 스스로 우뚝 설 수 있는 나만의 정신력이 필요하다. 나를 괴롭히던 사람에게서 에너지를 쪽 빨아내서 내 자양분으로 쓰는 지혜. 그것은 내 삶을 더욱 더 성장하게 하고 나를 강인하게 한다. 못 만난 인연 속에서 참 의미를 찾고 스스로 발전시키는 계기로 삼는다면 누굴 만나도 두려움이 없다. 또한 다른 사람을 이끌 수 있을 정도로 성숙할 수 있다.

김지연

이번 책에서는 동기부여로 작용하는 것들에 관해서 이야기 해보고자 한다.

타인의 무시는 나를 설레게 한다

　사람은 인정이 많고 따뜻해야 한다. 그래야만 인생은 행복에 이를
수 있다. 따뜻한 사람은 나의 실수를 보듬어주고 나의 성취를 칭찬
해 준다. 내가 어떠한 삶을 살던지 나에게 유익하다. 그러나 그런 사
람들은 많지 않다. 좋고 싫음도 상대적인 것이라서 누군가에게만 따
뜻하고 누군가에게는 차갑게 대하는 경우가 많다. 타인으로부터 인
정을 믿고 신뢰를 얻기까지는 엄청난 시간과 노력이 든다. 그럼에도
진실하게 믿음의 경지에 이르지 못하고 인간관계에 허무함을 느끼
며 헤어지는 일도 많다.

　이 세상에서 가장 힘든 것을 꼽으라면, 아마도 타인의 무시와 냉

　　　　　　　　　　　　　　　　　　　　　　　김지연

대가 아닐까 한다. 타인과의 좋지 않은 경험이 있으면 대인관계에 움츠러들고 혼자가 되어 차라리 편안한 고립을 추구하기도 한다.

눈에 보이는, 외적인 요소들에 의해서 타인에게 평가받는다. 겉으로 드러난 모습에 따라 타인이 무시를 할 수도 있고 호감을 가질 수도 있다. 한번 무시하면 그 이미지가 고착화되어 계속 지속되는 경향이 있어 처음에 무시당하지 않는 것이 매우 중요하다. 그래서 과도하게 자신을 꾸미고 부풀리고 허황된 말을 하면서 나를 무시하려는 사람들로 하여금 눈을 가리게 하려고 노력한다. 있는 그대로 말하고 행동하면 되지 왜 이리 피곤하게 사나 해도, 다 살아남기 위한 노력이다.

타인으로부터 무시와 경멸을 받았을 때, 당혹스럽겠지만 그것을 동기부여의 메시지로 받아들이자. 나를 따뜻한 눈으로 바라봐주고, 용기를 주는 말을 해주면 좋겠지만 세상에 나에게 그렇게 관심 있는 사람이 어디 있을까? 못하는 것만 눈에 보이고 성에 안 차고 꼬투리 잡는 사람은 많다. 중요한 시점에 내 편을 들어주지 않고 자기 이익에 따라 등돌리는 일도 많다.

가까운 사람들에게 무시를 당했을 때는 기죽지 말고 먼저 나 자신을 돌아보자. 왜 무시를 당했는지 생각해 본다. 왜 그 사람에게 잘 보이지 못했는지도 생각해 본다. 그리고 내가 개선할 수 있는 점인지 아닌지를 생각해 본다. 개선이 가능하다면, 개선해 보도록 한다.

개선이 불가능하다면, 그건 달리 방법이 없는 것이다.

타인으로부터 인정을 받으면 무시 받던 일로 인한 스트레스가 모두 사라진다. 정말 모든 평화가 올 것이다. 그 인정에 목말라서 거짓말을 해서는 안 된다. 남의 눈높이를 맞추는 게 너무 어려워서 거짓말을 하는 무리수를 두는 것이다. 정말 가끔 속아서 태도를 바꾸는 일이 있다. 거짓말은 현재를 잠잠하게 만들 수는 있어도 끝에 언제나 파국을 부른다.

누군가 무시를 하면, 더 열심히 살고 노력하고 분발하겠다는 강인한 마음을 가지면 된다. 그러면 상대방이 아무것도 아닌 것처럼 미약해 보인다. 눈에 더 힘주고 표정을 더 단단히 하고, 같은 일을 해도 더 박력 있고 의욕 있게 하는 것이다. 남이 던져주는 무시를 먹이로 삼아 나의 내적 에너지를 키우는 것이다. 그러다 보면 가끔은 남의 무시를 기다리는 일도 생길 수 있다. 그래야 내가 오기에 차서 움직이기 때문이다. 즉 내가 힘을 내기 위해서 남이 나에게 자극을 주기를 기대하는 것이다. 누군가 무시를 했는데, 이런 식으로 리액션을 해주면 놀라움을 자아내게 된다.

원래 무시 받는 게 두렵고 무서운 사람이 자신이 피하기 위해서 먼저 남을 무시한다. 즉, 자신이 무시당할까봐 먼저 무시하는 것이다. 어쨌든 무시가 오갔다면 그 인간관계는 진정성을 가지기가 어렵다. 그런 이들과는 인생의 희로애락을 함께 나누기 어렵다. 그래도

김지연

이런 형편없는 관계 속에서도 남는 것도 있고 얻는 것이 있다.

모든 대인관계에는 남는 게 있다. 여기서 남는 것이란 정신적 가치를 뜻한다. 없다면 억지로라도 만들어야 한다. 그래야 인생이 의미가 있다. 혼자서는 얻어내지 못한, 서로 부딪혀서 만들어낸 자극이 내면에 있는 깊은 나의 능력을 끄집어낼 수 있도록 해야 한다. 비록 독한 사람 만났어도 나는 그렇게 성장하고 발전할 수 있는 것이다. 이것은 나를 좋아하고 나를 따르는 사람과의 평온한 관계 속에서 찾아내는 진리보다 더 값지고 위대한 것이기도 하다.

실패에서 찾는 기회

실패는 흔히 존재한다. 성공보다 더 많은 비중이 있다. 여기서 내가 결정할 수 있는 것은 포기하느냐, 마느냐이다. 포기는 내가 자율적으로 선택할 수 있는 것이다. 나 역시도 살아가면서 여러 실패를 경험했다. 그럴 때 나는 내가 더 이상 할 수 있는 것이 없다고 판단했고 그럴 때는 시원하게 내려놓고 돌아보지 않았다. 실패 후에도 그다지 답답하지도 않았다. 그것을 경험으로 받아들이고 그 속에서 얻어낸 나만의 가치를 귀하게 생각했다. 마음속으로는 무척 괴로웠지만 감정 자체를 배제해 버렸다. 하지만 한번 실패한 분야에 두 번 발을 들여놓는 일은 없었다. 사실 나는 실패가 아주 무섭고 부담이

김지연

되었던 것이다.

내가 실패했을 때는 나의 노력과 열정이 부족해서라고 생각했다. 진심으로 품어야 하고 진실로 움직여야 했는데 그러지 못해서 실패로 돌아갔다고 보았다. 그러면 내가 아주 열렬히 사랑했어야 하는데, 그 당시 나는 사실 냉정하고 담담하지 않았던가. 나에게 충분히 새로운 길이 주어질 수 있다고도 생각했다. 가슴속에서 뜨겁게 끌어올리지 못한 나의 식은 마음이 문제라는 건 나도 알고 있었다.

나는 그저 실패를 잊기로 했다. 그러자 실패는 내 무의식의 저변으로 밀려났다. 사라진 것 같지만 사라지지 않았다. 살아가면서 나는 내 무의식과 대면해야 했고 내가 폐기처분한 실패의 기록을 살펴보지 않을 수 없었다. 무의식 속에서 아주 잘 보존되어 있던 나의 실패 기록은 다시 한번 나를 자극했다. 이걸 그냥 소멸시킬 수 있는 방법이 없었다. 내가 살아온 궤적이었으므로.

내가 실패한 데에는 사실 훼방꾼이 있었다. 운도 따라주지 않았다. 좋은 사람과 만났더라면 나의 인생은 달라졌을 지도 모른다. 내 편인 줄 알았던 그 사람들은 사실 적이었다. 내가 실패의 쓴맛을 보았을 때 그들은 승자로 이 세상에 군림했다. 양심의 가책도 없어 보였고 원하는 결과를 본 듯 즐거워 보였고 다른 이의 심정을 헤아릴 줄도 모르는 것 같았다. 그들이 나의 적이 된 것도 사실 나의 불찰이었다. 그래서 미워하지는 않는다. 그들이 나의 적이 되어서 나는 그들을 지켜주지 못했다. 세월이 흘러 그들은 어떻게 되었는가. 한낱 보잘것없는 인간들에 지나지 않는다. 나를 방해한 인물 치고 잘 되는 꼴을 못 봤다. 인과응보, 세상의 이치란 게 정말 무섭다고 새삼 느끼며, 지금껏 피하기만 했었던 내 실패 기록을 당당하고 용기 있게 바라보기로 했다. 또 내가 상처받을까봐 두려워서 바로 보지 못했던 나의 흑역사도 내 인생의 일부임을 받아들이게 되었다. 나는 괜찮은 척 없다고 믿고 싶었지만, 실패는 엄연히 존재하는 실존이다.

사람은 다시 원래 자리로 돌아오게 되어 있다. 떠나도 돌아오게 되는 건 원래 자기 자리가 있어서다. 나도 그렇다. 최대한 멀리 떠나고 돌아오고 싶지 않아도 내 인생의 길은 미리 펼쳐져 있고 나는 단지 걸을 뿐이었다. 아무리 많은 것을 스스로 선택하고 살아왔다고 해도 결국은 저멀리서 자석처럼 당기는 운명의 힘대로 이끌어져 살아가게 된다.

내 인생에서 역동성을 부여하는 동기부여로 작용하는 것도 실패라고 하겠다. 실패는 부정할 수 없는 것이고 운명적인 것이다. 변명도 할 수 없다. 실패는 그냥 주어지는 것이다. 실패가 찾아왔을 때 포기를 선택하면 무의식 속에서 영원토록 실패를 보관하며 스스로 무겁게 살아가야만 한다. 무의식 속으로 들어가 버렸기 때문에 겉으로 멀쩡해 보이고 드러나지 않는 실패의 기록은 내 삶을 끊임없

김지연

이 자극한다. 의식이 괜찮다고 하지만 무의식은 그렇지 않다고 말한다. 동기부여의 방법으로 말이다. 언젠가 다시 기회가 온다. 포기하지 말고 다시 움직인다. 실패는 무의식의 저변에서 뚫고 나와 더 이상 실패가 아닌 온전한 성공이 될 수 있도록 나를 움직이게 한다.

질투의 근원은 사랑이다

살아가면서 가장 무서운 감정은 질투다. 타인으로부터 질투를 받으면 무서운 일이 생긴다. 그래서 겸손해야 하고 성공한 부분이 있어도 감추어야 하는 것이다. 오히려 불쌍한 척 동정표를 받으면 살기가 수월하다. 타인으로부터 질투는 진짜 리스크가 어마어마한 것이다.

문제는 아주 사소한 일에도 사람들은 질투를 한다는 것이다. 지나고 나면 별 것 아닌 것에 불과한데도 그때 그 당신에는 아주 크게 와닿는 것이 있다.

나는 아주 무심한 성격이고, 나와 관련이 없는 일에 관심을 두지

김지연

않아서 사실 질투라는 것을 별로 안 하고 산다. 설령 누군가의 경사가 생기면, 잠시 놀랐다가 그도 그만큼 노력하고 운이 따라줘서 얻은 것이라고 생각하고 만다. 질투를 하면 배가 아프고 험담을 하게 되고 세상에 온갖 나쁜 짓을 하게 되는데, 그 과정이 귀찮고 힘들기 때문이다.

질투는 성공에만 따르는 게 아니다. 내가 사랑하는 사람이 다른 사람에게 관심을 두거나 나에게서 무심해지면 느끼는 것이다. 나만 사랑받고 싶은데 그러지 못할 경우 강한 질투심을 느낀다. 질투는 욕설과 비난, 폭력, 악마화를 부른다. 질투심에 사로잡히면 순간적으로 눈에 뵈는 게 없어진다. 질투는 분노에 가까운 감정이기 때문에 거침이 없고 가책감도 없다. 질투로 인해 벌인 일은 보통 되돌리기 어려울 정도의 결과를 만든다.

타인의 질투란 얼마나 피곤하고 방해물이 되는 것인가. 나 역시도 가까웠던 이에게 질투를 받은 적이 있었다. 나의 아주 사소하고 작은 성공에도 그는 민감하게 반응했다. 질투가 시작되면 대화부터 어긋난다. 그는 내가 잘되기를 바라지 않는다. 상처 주는 말로 꼬집고 공감대가 형성되지 못한다. 그러면서 자신의 말을 따를 것을 강요하기도 했다. 그럴 적에는 나는 포기하고 그냥 멀어졌다. 나도 사람인지라 기분이 더러웠다. 그리고 앞으로 무슨 말을 해야 할지도 잘 모르겠다. 내가 상대하지 않으면 상대하지 않는다고 또 뭐라고 한다.

나의 차단에 욕설을 날리는 이도 있었다. 질투의 감정에 사로잡히면 일순 잘못을 모르는 심정이 된다. 훗날 다시 생각해 보니, 나의 아주 사소한 부분까지 질투하는 사람에게는 차라리 억지로라도 칭찬을 해주는 것도 고강도의 해법이었다. 자기 자신에게서 장점을 발견하지 못해서 타인을 질투하는 것이니, 그럴 때는 내가 칭찬할 거리를 발견해서 추켜올려주는 것이다. 물론 이 방법도 시도해 봤다. 내가 추켜세우니 오히려 더 나를 밟아버리는 결과가 나와서 포기한 적이 있었다. 이런 사람들과 엮이면 인생에서 앞으로 나아가지 못할 거라는 예상이 나왔고 과감히 손절했다. 질투는 사람과 사람 사이의 시너지를 방해한다.

나는 오래전 어떤 이를 사랑한 적이 있었다. 사실 정신적으로 그렇게 사랑한 건 딱 한 번뿐이었다. 그도 내가 자신을 사랑한 것을 알고 있다. 그를 바라보는 나의 눈빛과 태도가 진실했다. 그리고 나는 딱 한번 그에게 사랑한다고 말한 적이 있었다. 당연히 돌아오는 답은 거절이었고 나는 포기를 했다. 모든 사랑이 이루어질 수가 있는가? 사랑이 한번뿐인 건 실패가 더 많기 때문이다. 그가 나를 바라봐주지 않는다고 비난하거나 분노하지 않았다. 정리하고 잊느라 힘들었다.

이후에 나는 다른 이를 만났고 놀랍게도 그 사실을 알게 된 그는 크게 질투했다. 다 지나고 짐작한 일이지만, 그 시절 그는 아주 길길

김지연

이 분노한 것 같다. 현실적으로 내 옆에 있어줄 것도 아니면서 나에게 다른 사람이 생겼다는 것 자체를 받아들이기 어려웠던 모양이다. 사람의 마음이란 이토록 알 수가 없다.

질투라는 건 형이상학적인 것이고 불가항력적인 것이라 사실 조절하지 못한다. 멈추라고 멈출 수 있는 것이 아니다. 감정이란 화산처럼 폭발하듯 터지면서 기승전결로 소멸하는 것이다. 있는 그대로 현상학적으로 존재하기에 걷잡을 수 없다. 그 시절 그는 나를 망치고 싶고 용서할 수 없고 아마도 그랬을 것이다. 나는 평온하게 잘 살고 있는 사람에게 괜히 받아들여지지도 않을 사랑한다는 말을 해서 깊은 상처를 만들었구나, 나의 경솔함에 오히려 미안했다. 누군가를 사랑했던 일이 덕을 쌓는 일이 아니라 훗날 혹독한 결과가 될 수 있는 나비효과임을 깨닫게 되었다.

질투는 해가 되는 감정이다. 타인의 질투는 나를 곤란하게 하고 아프게 한다. 질투라는 감정이 생기면 그 대인관계는 파국을 맞는다. 그러니 얼마나 마이너한 감정인가. 나는 오히려 이 무서운 질투가 살아가는 데 큰 동기부여가 된다고 생각한다. 모든 것에는 이유가 있고 존재할 근거가 있다. 질투의 근거율도 그러하다. 그냥 생기는 감정이고 왜 생겼는지 묻지 못한다. 질투는 부정적인 에너지를 내뿜는 감정이지만, 이를 삶에 유용하게 작용하도록 하는 것은 바로 나의 마인드가 결정할 문제다.

나는 질투야말로 강하고 독한 사랑이라고 생각한다. 누군가에게 사랑한다는 말을 들었으면 나는 정말 행복했을 것이다. 여기서 사랑은 넓은 의미다. 모든 대인관계에서 존재하는 사랑. 내가 자주 만나고 좋아하는 사람이라면 나도 사랑한다고 말할 것이다. 자주 그 사람 생각을 하며 맛있는 게 있으면 같이 먹고 싶고 안 보고 있으면 보고 싶을 것이다. 일생 동안 일정하게 만나며 함께 시간을 보낼 것이다. 이것은 사랑의 온전함을 그대로 받은 이상적인 관계다.

그러나 질투는 사랑의 어두운 이면이다. 사랑이 내 편이 되어 이야기를 들어주고 공감하는 것이라면, 질투는 적이 되어 내 말을 자르고 반격하는 것이다. 결국 질투와 사랑의 종착지는 같다. 둘 다 나를 갖고 싶은 것이다. 강압적인 방법으로 나를 타자화하여 자신의 마음대로 소유하고 싶은 것이다. 내가 누군가의 소유가 된다는 것은 내가 나를 박탈당하는 것과 같다. 강한 질투를 느낀다면 그 사람과 공존하는 게 아니라 자신의 깊은 내면속으로 소유하고 싶다는 욕망이 발현된 것이다.

사랑과 질투를 선택할 수 있다면 얼마나 좋을까? 누가 사랑을 하고 누가 질투를 할지 알 수 없다. 사랑이 질투가 되기도 하고 질투가 사랑이 되기도 한다. 사랑하지 말라고 말릴 수 없고 질투하지 말라고 말릴 수 없다. 질투를 시작하면 방해가 된다. 내가 누군가에게 좋은 사람이면 그는 나를 사랑할 것이고, 내가 누군가에게 나쁜 사

김지연

람이라면 그는 나를 질투할 것이다. 나는 어째서 좋은 사람과 나쁜 사람으로 구분되는가? 나도 모르게 타인에게 상처라는 자극을 주면 나쁜 사람이 되는 것이다. 나도 모르게 타인의 콤플렉스를 건드리거나 자아도취 되어 우쭐해지는 우를 범하기도 한다.

타인의 질투가 부정적인 것만은 아니다. 그 속에도 얼마든지 장점이 존재한다. 나는 타인의 질투를 내가 살아갈 힘으로 받아들인다. 사랑은 양보하는 것이고 남을 위하는 것이지만 질투는 욕심내는 것이고 나를 위한 것이기 때문이다. 질투 앞에서 나는 아무 것도 양보하지 않아도 되고 남을 배려하지 않아도 된다. 온전히 나 자신만 위할 수 있다. 가끔 지치고 권태가 찾아올 때는, 누군가의 질투를 떠올리며 다시 힘을 낸다.

다음에 승리하기 위해
지금 패배하는 것이다

산다는 것은 타인과의 경쟁 그 자체다. 비교를 당하고 능력을 평가받으면서 누군가는 그 자리에서 이기고 누군가는 진다. 그렇다면 심판은 어느 정도로 정확한가? 심판이라는 건 상대적인 것이다. 물론 자신만의 기준으로 누가 이기고 질 것인지를 결정하겠지만, 그의 결론이 반드시 옳은 것만은 아니다. 그만큼 인생사란 정말 변화무쌍한 것이기 때문이다.

주류 사회에서 인정을 받기 위해서는 승리를 해야 한다. 패배자가 되는 순간 비주류로 밀려 난다. 비주류의 한계는 진실로 크다. 주류 사회에 수용인원은 한계가 있다. 밀려난다면 어쩔 수 없다. 모든 것은 사람이 하는 일이라 관계에 의해서 만들어지므로, 실력 없는 이

김지연

들이 주류가 되는 일도 많다. 실력 없는 이들이 주류가 되면 오래 가지 못하고 벽이 무너지고 기둥이 뽑히고 소멸하게 된다.

승리와 패배를 누군가가 정해놓은 것 같다는 느낌이 있을 때가 있다. 따라서 노력이라는 게 의미가 없을 정도로 이미 정해놓은 틀 속에서 발버둥친다는 게 무상한 것이라고 생각했다. 시대가 변하고 영원한 건 없는 세태가 정말 고마웠다. 시간이 흘러 사람들을 늙게 만들고 죽음에 이르게 한다는 게 다행이라는 생각도 들었다. 보통 주류는 변화의 흐름을 잘 감지하지 못하고 살던 대로만 살려고 하는 기질이 있다. 그런데 시대가 변화무쌍하게 바뀌어주니 그들을 도태시키는 것은 얼마나 유쾌한 일인가.

패배의 기록은 위대한 것이다. 패배는 시행착오의 근간이 된다. 패배는 늘 다가오지만, 나는 포기하지 않는 방법을 터득했다. 기 죽지 않았고 연연해하지 않았다. 패배를 했을 때는 일단 조용히 내려놓고 나에게 정신적인 자유를 준다. 더 생각하지 말도록 하고 즐겁고 재미있는 것에 관심을 둔다. 세상에는 정말 많은 일이 존재한다. 그리고 그 변화의 바람을 만끽한다. 한번 보지도 못할 정도로 다양한 세계가 존재한다. 나에게 패배를 준 이는 내가 어떻게 반응할지 기대했을 것이다. 아마도 슬퍼하는 모습을 원했을 것이다. 나는 개의치 않았고 내가 좋아하는 것, 내가 아름답다고 여기는 것을 가까이 했다. 그리고 그때의 승리가 틀렸다는 결과가 나올 때까지 조용히 기다린다. 내 삶이 즐겁고 행복했기에 지루하지 않았다. 시간이란 모든 것을 겸손하게 만드는 것이다.

나는 인생에서 결코 한 길만을 가지 않았다. 나에게 많은 길이 있었다. 그만큼 나의 길은 다채롭고 풍성했다. 어떤 이들은 정말 한 분야만 파고 그 일에만 골몰한다. 그래서 자기가 무슨 그 분야의 주인이라도 되듯 행세를 한다. 그렇게 권력이라는 게 생긴다. 그는 왜 한 길을 갈까? 아마도 다른 분야로 갈 용기도 없고 다른 분야에서 끼워주지도 않기 때문이다. 하지만 나에게는 정말 많은 길이 주어졌다. 나는 정말 어디로든 갈 수 있었다.

패배는 강력한 동기부여가 되는 것이다. 패배를 했기 때문에 포기하지 않았다. 성공을 했다면 포기하지 않아야 할 것이 없었을 것이다. 그래서 더 많이 노력했다. 권위자가 지정해주는 승리자는 사실 얻는 게 없다. 자기들끼리의 승리일 뿐이다. 진짜 승리자는 세상으로부터 인정받는다.

지나간 패배의 기록들을 하나하나 펼쳐보면서 나는 또 포부를 다진다. 승리를 했다면 느슨해지고 권태가 찾아왔을 것이다. 칭찬과 부러움 속에서 도취가 되기도 했을 것이다. 그냥 낭랑한 겸손만 떨면서 게을러지면 되었을 것이다. 하지만 패배를 해서 눈빛이 번들거리고 이를 부득부득 간다. 나는 조용히 말한다. 반드시 끝까지 간다. 힘들어도 다시 도전하고 제대로 실력 발휘를 해보겠다고 스스로를

김지연

격려한다. 이 모든 힘의 근원은 어디에서 나오는가. 바로 패배라는

동기부여에서 나온다.

슬픔에서 비롯되는 것

슬픔에는 매혹적인 힘이 있다. 슬픔에 빠지면 헤어 나오기가 어려운데, 그 고통스러운 감정에는 달콤한 매력이 있다. 슬픔은 사람을 유순하게 만들고 긴장을 풀리게 한다. 웃을 때는 가식적으로 웃을 수 있어도 슬플 때는 가식을 떨 수 없다. 그만큼 슬픔은 진실한 감정이다.

언제가 가장 슬플까? 나는 소중했던 이와 멀어졌을 때마다 슬퍼했다. 누군가에게 내가 아무 의미도 없어진다는 게 받아들이기 어려울 때도 있었다. 그래도 그런 슬픔은 대부분 시간이지나면 극복이 되었다. 최근 내가 겪은 슬픔은 이런 것이다. 긴 시간 나는 모르

김지연

고 살아왔는데 누군가가 나를 생각하고 미워했다는 것을 인식하게 된 것이다. 문득 그 사람의 진심이 느껴져서 한동안 슬펐다. 미워하고 괴롭힌 만큼 사랑이라고 생각한다. 존재하더라도 인식하지 않으면 무용지물이라, 나의 인식이 너무 늦은 감이 있었다. 차라리 멋모르고 모른 듯이 다 지나간 게 다행이다 싶다. 나의 무심함은 가장 큰 장점이다. 나는 아닌 것은 빨리 포기하는 편이라 인연이 아니라는 판단이 들면 잘 잊어버리곤 한다.

슬픔이라는 감정이 어찌나 매혹적인지 자꾸만 빠지게 된다. 그것이 주는 울림과 떨림을 예민하게 느끼면서. 먼 옛날 그 사람이 나로 인해 느꼈을 상처가 이제야 아프게 느껴진다. 그렇다고 눈물이 나오지는 않는 그런 아련한 감정. 사람마다 마음을 정리하는 방식은 다르다.

모처럼 느낀 이 슬픔이라는 감정을 나는 살아가는 데 동력이 되는 동기부여로 받아들이기로 했다. 슬픔을 미움으로 바꾸어 힘을 내는 어리석음을 이제는 실현하지 않으려고 한다. 누굴 미워할 때는 어찌나 힘이 나는지 못해낼 게 없다. 뭐든 다 할 수 있을 것 같고 절대로 물러나거나 지지 않겠다고 투지를 다지곤 했다. 그러고 보니 정말 미움의 힘으로 해낸 것이 참 많다.

이번에는 슬픔을 미움으로 바꾸지 않고 슬픔 그 자체를 활용해 보기로 한다. 슬픔 그 자체의 힘을 믿어보는 것이다. 슬픔의 감정을 마음 깊숙이 느끼고 그러한 과정에서 이상할 정도로 힘이 나고 열심히 살아볼 의욕이 생긴다. 내려놓고 싶은 것을 다시 삶으로 집어 올리고 깊숙이 숨겨 놓았던 나의 꿈 조각들을 꺼내 보인다. 그냥 놓치고 포기해서 미완성로 남은 지난날을 완성하고 싶은 욕망이 생겼다. 내 인연이 아니라고 포기했던 것들을 되찾고 싶어졌다. 슬픔이라는 감정이 없었다면, 슬픔이 나를 자극하지 않았다면 나는 지루해지고 지치고 심심하고 노곤해지면서 현재에 안주하면서 노력하지 않은 존재가 되었을 것이다. 슬픔의 감정이 주는 낯섦과 불편함은 나를 긴장하게 하고 정신 차리게 한다.

슬픔을 통해서 보다 나는 나답게 살아갈 수 있게 된다.

김지연

낙선이 만들어주는 새로운 길

무슨 분야이던지 1등에게만 기회가 주어지는 분야는 가급적 피하는 것이 좋다. 또한 그것이 주관적 심사에 의한 것이라면 더욱 그러하다. 도전하고 노력하면 전체적으로 기회가 주어지는 분야로 들어가야지 가령 100명 도전자 중에 단 1명만 선택받는 그런 분야에 발을 들이는 것은 결코 좋은 선택이 아니다. 너무 많은 사람들의 노력을 도루묵으로 만드는 로스율이 높은 방법이 아닌가. 높은 상금을 책정하여 경쟁을 부추기고 구미를 당기게 하지만, 사실 그 정도 상금은 열심히 일하면 다 벌 수 있는 수준이다.

혹 순수한 열정으로 그런 분야에 진입했을 때는 당선과 낙선이라는 두 가지 기로에 선다. 사실 둘 다 나쁘지도 않고 좋지도 않은 장단점이 있는 길이다. 당선만 되면 다 될 것 같지만 사실 바뀌는 것은 별로 없고, 낙선되면 다 끝난 것 같지만 또 그런 것도 아니다. 옥석을 가려내는 작업 중에 내가 선택받지 못했을 뿐이고 심사위원의 눈이 아주 정확했다고 볼 수도 없다. 사람이 미래의 일의 몇 수 앞을 볼 수 있어야 정확도도 올라가는데, 현실적으로 그게 가능할까 싶다. 당선자는 매년 나오고, 당선자들만 모아놓으면 그 수도 많아서 당선을 해도 밀어주는 뒷심 없이 치고 올라가기는 어렵다.

매일 비슷비슷하게 살아가더라도 예측 불가능한 것이 인생이다. 미래는 과거와 같은 형식으로 살아갈 수 없을 확률이 있다. 변화에 반응하지 않은 분야는 이내 도태가 된다.

나는 낙선이 인생에서 큰 동기부여가 된다고 생각한다. 그러니 기회가 있을 때는 부지런히 도전해 보는 것이 좋다. 하지만 매년 인연도 아닌 일에 도전을 하는 것은 큰 낭비일 뿐이다. 도전했다가 고배를 마시는 낙선의 결과가 찾아왔다면, 그 낙선이 제시하는 새로운 길에 관해서 진지하게 모색해야 한다. 백번 찍어서 안 넘어가는 나무 없다고 끝까지 저돌적으로 덤벼볼 수도 있겠지만, 인생은 유한하고 시간은 간다. 그리고 당선이라는 허무한 목표를 인생의 끝에 두고 오직 한 길만 바라보고 달리는 일은 전혀 유익하지 않다. 자기 자신에게 너무 많은 기회를 주어서는 안 된다. 그것은 인생이 허무해질 뿐이다. 다른 사람이 판을 짜놓은 곳에 들어가 그저 무한 경쟁에

김지연

휘둘러 자기 자신을 혹사하는 것은 결코 지혜로운 방법이 아니다.

낙선했는가. 그럼 당신의 시간을 절약할 기회가 왔다. 옥석의 옥은 기대라는 무거운 짐을 지고, 석에게는 새로운 자유가 주어진다. 그것은 패배가 아니다. 낙선은 분명 자극적이다. 인생을 바꿀 만큼의 스트레스 요인이 된다. 그저 별 생각 없이 살던 대로 살다가 낙선의 충격이 찾아왔다면 이제 인생의 뱃머리를 돌릴 때다. 방향을 살짝 틀기만 해도 반드시 새로운 길은 있다. 그 길을 가기 위해 낙선을 한 것이다. 아무것도 하지 않으면 어떤 길도 보이지 않지만 도전을 하면 이렇게 결과에 따라 자신만의 이정표가 나온다. 그 길은 당신만 찾은 길이라 다른 사람들은 몰려오지 않아 블루오션이다. 세상에 한 사람만 사랑하고 한 가지 일에만 골몰하는 것은 바보들이나 하는 행동이다. 낙선은 이제 버려야 할 것을 반드시 버리게 하는 결단력이 부여하는 강한 동기가 된다.

손절은 나를 성숙하게 한다

친했던 사람으로부터 결별을 당하면 기분이 어떨까. 떨떠름하다. 두 사람 중 한 사람이 죽어서 관계가 끝나면 좋은데 아직 젊고 건강한데 인연이 끝을 보면 그 기분이 좋을 수가 없다.

왜 그는 나에게 이별통보를 하는가. 그는 내가 싫어졌다. 그리고 내가 필요가 없어졌다. 그래서 더 보고 싶지 않다. 이렇게 간단하다.

누군가에게 그것도 가까웠던 사람에게 무가치한 존재로 여겨진다는 것은 매우 비참한 일이다. 내가 밥은 먹고 다니는지 물어봐 주고, 아프지는 않는지 살펴봐줘도 부족할 판국에 사지 멀쩡하고 건강한데 이제 보지 말자니, 어떻게 이토록 무정할 수 있는가.

연인이든 친구든 지인이든 손절을 당하면 충격을 받는다. 아니,

김지연

내가 뭘 잘못했지? 저 사람은 오래전부터 손절을 준비한 것 같은데. 허심탄회하게 대화를 하면 풀어지지 않을까? 매달리면 비참해 보일까? 잡는다고 될까? 혹시 무슨 오해를 한 건지? 무슨 사정이 있는 건지? 궁금한 게 많아지지만 물어볼 수 없다. 설령 이 부분에 대한 답변을 듣는다고 해도 조목조목 나의 부족함을 지적하는 그 내용을 받아들이는 것은 쉽지 않다. 잘 보이고 싶은 사람에게 그렇게 하겠는가.

원래 가는 사람은 잡는다고 돌아오지 않는다. 그럴 땐 그냥 가게 해야 한다. 손절에 대한 두려움을 없애고 나니, 멘탈이 강해져서 누구든 언제든 떠날 수 있다고 생각하게 되었다. 자주 만나고 자주 보고 이야기 나누고 친했어도 내일이면 갑자기 연락이 안 되고 모르는 사람처럼 멀어질 수도 있다고 생각했다. 언제 어디서 마음이 돌아섰는지 알 수는 없지만 사람은 갑자기 자율적으로 멀어질 수 있는 것이다. 그럴 적에는 별 말 없이 조용히 연락처를 삭제하고 절대로 먼저 연락하지 않는다. 그런 식으로 본때를 보여줬다. 자, 내가 이렇게 냉정한 사람이야. 나는 눈썹 하나 까딱하지 않아. 아는 사람에게서 다시 무한한 익명의 존재로 바뀌는 그저 그런 평범한 순간이라고 생각했다.

냉정함이란 품위 있는 것이다. 언제 손절이 될지 모르겠으니 속에 있는 말은 하지 않게 되었다. 해야 할 말, 하지 말아야 할 말이 구분이 되니 할 수 있는 말의 범위가 아주 좁아진다. 그 사람에게 가끔 추억이 될 만한 유쾌한 농담 정도만 하는 게 가장 이상적이지 않을까? 사실 농담은 편한 게 아니라 장난스러운 것이고 사실 고도의 무시 같은 것이긴 한데 분위기 띄우는 것엔 그만한 것이 없다. 그리고 누군가 나를 멀리한다면 그도 그만한 이유가 있지 않을까 싶다.

손절은 내가 더욱 성숙한 인간이 되도록 하는데 동기부여가 된다. 한결같은 사람과 신뢰속에서 친밀하게 지낸다면 잘 모를, 언제 관계가 끝날지 모르는 불안하고 관계 속에서 갑자기 마주하는 이별이 찾아온다면 담담하게 받아들일 수 있는 여유로움이라는 게 정말 너무나도 편한 것이다.

물론 손절을 안 당하는 방법도 있다. 평소에 친구든 무슨 관계이든 애정을 많이 표시하는 것이다. 그리고 그 사람이 나에게 갖는 의미에 관해서도 강조하는 것이다. "너는 나의 진짜 소중한 친구다." "너와 만나서 정말 기쁘다." 솔직한 이야기를 전하면 그 말이 그 사람의 마음을 움직여서 쉽게 떠나지 못한다. 즉, 의미 부여가 중요한 것이다.

결국에 이별이라는 것도 그 사람에게서 더 이상의 의미를 찾지 못해서 발생되는 것이다.

손절의 순간이 도래하면, 그때는 그 사람의 행복을 빌어주며 한층 더 성숙한 인간으로 거듭나는 동기부여의 시간을 가지면 된다.

김지연

소외는 짜릿하다

집단에서 겉돌고 소외될 때가 있다. 끼워주지 않으면 자연스럽게 일어나는 일이다. 사람 사는 일이 다 그렇듯 '인싸'가 되는 게 중요하다. 인싸가 되려고 노력해야 한다. 사람들하고 어울리면서 성장하는 힘이 매우 크기 때문이다.

그런데 아무도 끼워주지 않아 소외가 될 때가 있다. 노력해도 안될 때는 어쩔 수 없이 자발적 '아싸'가 될 수밖에 없다. 원래 상호작용에는 서로 챙겨주는 건 한계가 있어 일정 멤버끼리만 서로의 편이를 봐주게 되어 있다. 나머지는 분열된 채 들러리가 된다. 흔한 일이다.

소외란 약간 비참한 기분이다. 소외감은 느끼는 사람은 큰 반면, 소외감을 조장하는 사람에게는 사소하다. 미안하지 않다. 그러니 아주 본질적으로 이기적인 감정이다.

나는 이 소외감이라는 감정이 매우 대단한 감정이라고 생각한다. 사실 나는 소외감을 아주 즐긴다. 이것은 나의 특화된 장점이요, 전략이다. 소외되는 기분이 들면 뭔가 전율이 되고 박진감이 든다. 이러한 대처로 나는 소외감이 주는 힘을 이용해 많은 반사이익을 만들어내곤 했다.

사람이 반드시 즐겁고 행복할 때만 쾌락을 느끼는 것이 아니다. 슬프고 비참할 때도 쾌락을 느낀다. 좀 이상하게 들릴지 몰라도, 즐거운 속에서 자연스럽게 느끼는 쾌락이 있고 힘들 때 전위적으로 느끼는 쾌락이 있다. 눈물을 흘리고 비참하고 비탄에 잠길 때의 쾌락. 슬픈 노래를 들을 때 느끼는 감동 같은 것 말이다,

소외란 고독한 감정이지만, 혼자서는 창출할 수 있는 감정이다. 타인과의 관계 속에서 만들어지는 감정이라 이 감정을 느끼려면 여러 사람이 필요하다. 여럿이서 나를 끼워주지 않고 들러리를 세우며 자기들끼리 오밀조밀 교감한다. 함께 있어도 감정적으로는 슬그머니 빠져나와 다른 차원에 있는 사람처럼 그들을 바라본다. 대화에 별로 끼지 않고 리액션도 하지 않는다. 그런 나를 아무도 신경 쓰지 않는다. 그리고 말없이 슬쩍 사라진다. 내가 없어진 빈 자리는 고요

김지연

하다. 나는 이탈하면서 정말 멋지고 유쾌한 기분이 든다. 뭔가 내가 특별하고 다른 사람이 된 느낌이랄까.

나처럼 한번 소외를 즐기게 된다면 소외가 주는 쾌락을 이해하게 되리라. 독한 술을 마시는 느낌이랄까. 쓰지만 그 속에 특별함이 있는 것. 타인의 행복을 보고 전이되듯 행복감을 느끼고 타인의 눈물을 보며 카타르시스를 느낀다. 나의 원초적인 행복을 느끼고 만족하고, 나의 비통한 실패담에 전율을 느낀다. 가령 사랑하는 사람에게 버림을 받고 시험에서 떨어지고 혼자 낙오될 때의 그런 비참함. 누군가로부터 찍혀서 나만 퇴출되고 다른 사람들은 모두 승승장구하는 기이한 상황. '아웃'이 되면 누군가는 견디지 못하고 큰 절망감을 느끼겠지만, 그 속에서 오히려 나는 짜릿하고 즐겁다. 조금 더 날 소외시켜 봐. 조금 더.

소외가 주는 동기부여는 대단하다. 그 느낌만은 나는 더 강인해진다. 지지 않고 싶어지고 몸을 움직이며 스스로 사기를 다진다. 소외가 주는 즐거움을 즐기고 나면, 또 갈구하게 되고 두렵지 않다. 아프고 괴롭다고만 느꼈다면 견디기 어려웠을 텐데, 스릴 있고 짜릿하니 새롭다.

나 혼자만 낙오되고 모두가 앞서나갈 때 나는 감사함을 느낀다. 다들 잘 되었으니 좋은 것 아닌가. 축하해주고 응원해 준다. 나의 길은 다른 곳에 또 있을 것이다. 이 판을 짠 권력자에게도 농담을 던지며 감사 인사를 할 수 있다.

소외는 반드시 온다. 피할 수 없다. 그러나 주어진다면, 내 식대로 받아들여야 한다. 겉도는 것도 할만하다. 에너지를 쓰지 않고 방관자처럼 무심하게 편하게 존재한다. 사람들은 사실 내가 어떤지 내 심정을 살피게 되어 있다. 그럴 때 멘탈 안 나가고 싱긋 변태적으로 웃어준다. 아마 다들 놀랄 것이다. 살아가면서 필요한 것은 또라이 끼다.

소외가 찾아온다면 반겨주라. 그리고 쉬어갈 타이밍이라고 생각하고 무관심하게 존재하라. 소외가 존재하는 것은 그것이 살아갈 힘이 되기 때문이다.

김지연

교만과 오만의 방향성

교만하고 오만한 상태는 사실 자기 자신을 잃은 상태다. 그렇게 된 것에도 다 이유가 있다. 이 세상 부조리와 공존하며 살다 보니, 어쩔 수 없이 생겨나는 부정성이다. 작은 성공과 성취들을 모아 일정 위치에 올라서면 그전의 순수한 열정은 사라지고 평소 자신이 증오하던 적의 모습으로 타락하게 된다. 그렇지 않은 사람은 없다. 어떤 위치에 올라서면 사람은 다 그렇게 된다. 그도 당연한 것이 개구리가 모습이 바뀌었는데 예전 올챙이 때처럼 살아갈 수는 없는 것이다. 어찌 인생의 긴 흐름 속에서 초심으로 살겠는가.

교만하고 오만한 사람은 사실 답이 없다. 소통이 안 되기 때문에 그냥 버려야 하는 사람이다. 그런 사람들에게도 마음을 여는 이는 따로 있긴 하다. 끼리끼리 지낸다고 서로 결이 맞는 사람들끼리 어울리는 것이고 그에 부합하지 않는다면 과감히 잊어버려야 하는 것이다. 인간관계는 서로의 니즈가 있어야 효용성이 높아진다. 한 사람만의 니즈로는 어렵다.

교만하고 오만한 사람은 한번 크게 웃어주고 무시하면 되는데, 혹시 그런 경우가 생겼다면 이 또한 삶의 동기부여로 흡수하는 것이다.

교만한 사람의 특징을 꼽자면, 보통 자신의 분야에서 성실하고 일처리가 능숙하다. 자기 일을 잘하기 때문에 교만할 수 있다. 다만 자신보다 하수라고 생각이 되면 남을 무시하는 경향이 있을 뿐이다.

사람다움이 없고 인간미를 상실한 오만한 인간이라면, 그 사람을 거울 삼아 한번 생각해 보는 것이다. 어차피 말이 안 통하면 대화는 할 필요가 없다. 그 사람의 장점을 정리해 보고 본인이 생각하는 것만큼의 가치가 있는지도 평가해본다.

누군가가 오만하게 굴면 자기는 급이 다르다고 생각하기 때문이다. 어차피 같은 세상 같은 하늘 아래 사는데 그는 사실 다른 세계에 살고 있는 것이다. 같은 세계에도 살고 있지 않으니 가볍게 무시해준다.

교만한 사람에게도 다 이유는 있다. 사람들은 자신의 위치와 직업으로만 본다고 생각한다. 사회적인 배경을 다 지우고도 아무것도 남

김지연

지 않으면 무시를 당하는 쪽으로 간다고 생각하기 때문이다. 나 하나 자체로는 제대로 인정받을 수 없다고 사실상 포기했기 때문에 교만해지는 것이다. 남들은 자신의 겉만 관심이 있고 그것을 칭찬하고 동경한다. 나 자신, 진짜 내 모습에는 관심이 없기 때문에 냉정해지고 차가워지는 것이다. 어떤 모습이라도 사람들이 나를 인정해주고 감싸준다면 그렇게 냉랭해질 필요가 없을 것이다.

나 자신 그 자체로서는 인정받을 수 없다고 포기를 했기 때문에 오만은 존재한다. 그렇다면, 나 자신 그 자체로서 사랑받을 수 있다고 가정해보자. 꾸미지 않은 외모, 배경 등을 다 지고 거리를 나선다. 생각보다 무시하는 사람 거의 없다. 타인에 관해서 무관심할 수는 있어도 무시하는 사람은 없다. 그러한 고요 속에서 한번 깨닫는다. 아무것도 없이 그냥 나 자신 하나만으로도 나는 썩 멋진 사람이라고 말이다.

오만과 교만은 나에게도 찾아온다. 찾아올 때는 반가이 맞이한다. 그리고 그것이 주는 기분을 만끽해 본다. 오만한 동안 행복한가. 이것이 맞는 길인가. 내가 만들어내고 꾸며댄 나의 겉치레는 과연 나 자체가 될 수 있을까? 이것도 빼고 저것도 빼고 나라는 알맹이가 남으면 비로소 나는 어떤 의미를 가지게 될까? 이 본질적인 물음이야말로 이 세상을 살아가는 동력이 되지 않을까 한다.

버림받은 추억

누군가의 선택지에서 선택받지 못하고 버림받는 일이 있다. 그 사람의 주관에 따른 것이므로 사실 나의 노력은 의미가 없을 수도 있다. 중요한 사람에게 버림받을 수도 있고 사랑했던 사람에게 버림받을 수도 있고 믿었던 사람에게 버림받을 수도 있다. 버림을 받았다면 이제 안 중요한 사람이 되고 사랑 안 하는 사람이 되고 믿지 않으면 된다. 버림이라는 것은 판을 바꾸는 행위다.

버림을 받는다면 사실 처신을 잘못한 것이다. 누군가에게 끝까지 기대를 한 셈이고, 그 사람의 의중을 제대로 살피지도 않았고 결과를 예상하지도 못한 셈이다. 나를 어필하는 전략도 없이 그저 나를 선택해달라고 조른 셈이다.

김지연

그러니 버림을 받기 전에 상황을 파악하고 처신을 해야 한다. 누군가가 어려운 선택을 하기 전에 나는 괜찮다고 먼저 거절할 수 있어야 한다. 그래야 그 사람에게 부담을 주지 않고 서로 민망해지지 않는다. 그 사람에게도 좋은 계기가 될 수 있다. 어쨌든 그렇게 좋게 끝내면, 사실상 그 관계도 끝이다. 좋게 끝났다는 것이다. 적어도 불편한 기분은 줄일 수 있다.

누군가에게 버림을 받으면 새로운 인생의 국면을 만난다. 버림받고 기분 좋은 사람이 누가 있을까? 당연히 언짢다. 사람 하나 떨어져 나갔다고 생각하면 된다. 절대로 소중한 것은 버리지 않는다. 소중하지 않으니 버려진 것이다. 그러니 이유 같은 건 묻지 않아도 된다.

버림을 받았다면 자극이 되고 그 자체로 동기부여가 된다. 흔치 않은 기회다. 이럴 때는 각성을 해서 좀 더 달라져야 한다. 감상에 빠지지 말고 냉정해져서 이성을 찾고 사람에 큰 의미를 두지 않는다. 지금 당장은 힘들어도 시간이 지나면 성숙하게 생각할 수 있다. 그리고 관심을 자기 자신에게 둔다. 스스로에게 몰두할 수 있는 무언가를 선물한다. 타의적으로 혼자가 되었으니 이것도 좋은 기회다. 평소 하고 싶은 일에 도전해도 좋다. 버림 받은 기억은 잘 이겨내면 강한 동력이 된다. 언젠가 내게 상처를 준 사람을 다시 만나도 여유 있게 웃어 보일 수 있다. 원래 남한테 상처 주고 잘 되는 사람이 없

다. 그 사람은 안 되게 되어 있다. 그러니 멀리 하는 게 맞다. 세상의

이치다.

김지연

뻔뻔함의 파괴력

남에게 상처 주고도 그대로 흡족해서 아주 뻔뻔한 사람들이 있다. 나중에 뭐가 어떻게 돌아오게될 지 모르고 지금 당장 속이 시원한 나머지 타인의 입장 따위 조금도 생각하지 않는 일이 있다. 물론 화가 풀리고 시간이 흐르면 그때 너무 심했나 돌아보게 되지만, 그때 그 당시의 분노가 너무 커서 그대로 다 표출해 버리는 일이 있다. 감정이 솟구치는 대로 다 토해버리고 상대방을 있는 힘껏 짓밟는 열정을 발휘한다.

누군가는 사랑에 빠지면 그 사람에게 아주 잘해준다. 어쩌면 1차원적인 단순한 심리상태라고 볼 수도 있겠다. 난해하다고 수준 있는 게 아니고 좋은 게 아니다. 행복을 부르는 것은 대부분 유치하고 순수한 것이다. 사랑이라는 감정도 한번 꼬고 두 번 전위하면 아주 난해해진다. 누군가는 그 대상에게 집착을 하고 파괴하려고 한다. 놀랍게도 자기 자신을 파괴하고 싶은 사람은 자신을 파괴하려고 하는 엉뚱한 사람을 사랑하게 된다. 그런 사람에게 매력을 느끼고 감정적으로 동화된다. 사랑이라는 연결고리로 상대방은 정서적 심리적 폭력을 행하여 상대방을 파괴하려 한다. 놀랍게도 이런 사랑이 집착, 애증 등의 방식으로 존재한다. 만나도 속을 알 수 없게 되고 내가 아는 것도 모르는 면이 훨씬 많다고 하겠다.

　사람은 단순하고 순수한 것이 가장 좋다. 따뜻하고 정 있는 관계가 가장 유의미하다. 서로 고통을 주고 그 고통 속에서 쾌락을 느끼고 즐기는 관계는 서로의 존재를 길항하게 한다. 사랑하는 사람을 쓰다듬어주면서 사랑을 느끼지만 그 사람을 꼬집어 주면서 그 감정을 더 극대화하는 것이다. 그 사람의 아픔이 나에게 전해지지 않고 아픔을 관찰하면서 나는 전율하는 것이다. 놀랍게도 이런 일이 있다.

　나는 이번 글에서 부정적인 키워드가 던지는 동기부여를 다루고 있다. 인생이 꽃길이라 좋은 것만 주어진다면 이런 고민을 하지 않아도 되겠지만, 현실적으로 냉혹하고 감당하기 어려운 순간들을 만나는 것이 운명이라 차라리 이 고약한 것들을 만나면 에너지로 쓰자는 게 나의 생각이다. 내가 어떻게 받아들이냐에 따라 충분히 나

김지연

의 자양분이 될 수 있다고 생각한다. 누군가가 던진 부정성을 오히려 내 삶에 발전을 이루는 활력소로 환원할 수 있다면 좌절하고 절망할 필요가 없음을 체감하게 된다.

한때 사랑했으나 비수와 화살을 던지는 이를 보면서 나는 많은 생각을 했다. 아직도 화가 안 풀렸다. 수만 개의 화살을 죽을 때까지 던져도 그의 갈증은 수그러들지 않는다. 타인의 고통을 목격하고도 애도의 감정이 생기지 않을 것이다. 남을 공격하는 사람은 자기가 먼저 상처를 받았다고 생각하기 때문에 자신의 행동을 정당화한다. 자신의 행동을 객관화하여 바라보지 못한다. 유치한 어린 아이처럼 분노한다. 보통 이런 사람들은 자신의 행동으로 인해 자신이 잃는 것이 없다면 더욱 심한 행동을 한다. 뭔가 자기 삶에 리스크가 생긴다고 판단이 되면 남을 괴롭히는 데 골몰하지 못하게 된다.

애증의 굴레에서 늘 당하고만 있을 수 없으니 차가운 눈빛으로 반격을 해도 좋다. 꿈틀하는 지렁이가 되어 남의 인생 발목을 한번 세게 잡아보는 것도 좋다.

나는 애증의 감정 속에서 정서적 폭력과 보복을 하면서도 스스로를 객관화하지 못해 나타나는 뻔뻔함을 나의 동기부여로 삼는다. 누군가가 아주 뻔뻔하게 나오면 같이 대응하는 것이다. 이런 감정은 순수한 감정도 아니고 1차원적 감정도 아니고 여러 번 돌려지고 전위된 감정이라 해석도 어렵다. 타인과 이렇게 복잡한 심리상태에 놓였을 때는 걱정하지 말고 오기를 다지는 것이다. 달랜다고 되지도 않고 사과한다고 되지도 않는다. 남을 짓밟고도 미안하지 않는 그 무정함이 내뿜는 뻔뻔함을 만끽하면서 졸음이 오려던 오후에도 정신을 차리고, 아무것도 하기 싫은 날에도 책 한 권, 논문 1편 읽어보고, 이제 그만 물러나고 싶을 때도 다시 한번 도전하고, 저버린 꿈에 대해서도 다시 한번 생각하게 된다.

김지연

타인의 무정함은
나의 한계를 넘어서게 한다

모르는 남보다 못한 인연이 있다. 구면이라고 친분이 있다고 다 좋은 것이 아니다. 사이가 좋아야 유효하다. 사이가 나쁘면 모르는 사이보다 못하다. 관계의 깊이란 강약이 있다. 사람들의 사이는 깊다가 얕아지는 운동성이 있다. 한결같은 것 같아도 어떤 대화를 하느냐 어떤 처지냐에 따라 미묘하게 움직인다. 실망과 실망이 거듭되면, 손절이라는 방법으로 서로가 낯선 타인이 되고자 한다. 아는 사람에서 다시 모르는 사람이 되는 과정, 기억은 지워지지 않는 것이니 의미 없는 것으로 환원한다. 하나하나 무가치한 것으로 전환하고 비워낸다. 이별도 순환 같은 것이다.

믿고 가까웠던 사람의 본심이 나의 기대와 달랐다면 심란할 것이다. 누가 진짜 의리가 있고 누가 진실한지 사실 잘 모르고 살아간다. 그래서 위기가 오면 인생은 예상 밖으로 흘러가는 것이다. 위기가 찾아오면 변화가 생기고 나를 둘러싼 사람들도 물갈이가 된다.

나는 열심히 살아야겠다는 강력한 동기부여 중에 하나가 타인의 무정함이라고 생각한다. 애초에 타인에게는 아무것도 기대하지 않는 것이 좋다. 뭔가 바라는 게 있으면 그것이 불행의 시초다. 사람에게는 부담을 주면 안 되고 도움을 바랄 수 없다. 그러니 부탁같은 건 안 하는 게 좋다. 그냥 본질적으로 무정함이 바탕에 있다고 생각하면 된다. 그러니 혼자서 해내야 하고 독립적인 마인드를 가지고 있어야 한다. 남이 도와줄 거라고 생각하면 열심히 안 하게 되지만, 아무도 안 도와주고 내가 반드시 해내야 할 것이라고 생각하면 자기 한계를 넘어설 수 있다. 나도 모르는 능력을 발견하기도 하고 뜻밖의 성취를 이루기도 한다. 타인의 무정함을 떠올리면 한 번 더 도전하게 되고, 될 때까지 끈덕지게 밀어붙이는 근성을 발휘한다. 타인에게는 인정을 받을 수는 있어도 도움을 받기는 어렵다.

기본적으로 무정함이라는 것이 바닥에 있기 때문에 인연의 끊어짐도 자연스럽다. 가까웠다가 멀어지는 것이 이치이고 멀어진 인연에 개의치 않는다. 아무 일 없이 아주 정상적으로 헤어졌는데 그대로 인연이 다한 관계도 있다. 서로 더 이상 연락하지 않는 관계. 수명이 다한 관계. 무정함이란 그런 것이다. 나이가 들수록 다들 유한

김지연

한 시간성을 절감한다. 새로 사람 사귀는 것이 어려움을 느낀다. 주어진 인연과 계속 되길 바라기 때문에 절연이라는 것도 쉽지가 않다. 그래서 다들 인연을 소중히 여긴다. 어차피 누군가를 또다시 만나는 것은 막연하고 힘든 일이다. 그래서 무정함을 넘어 인연의 귀함을 우선시하게 된다.

사람은 누구나에게 타자로 존재한다. 그리고 타자는 주체가 될 수 없기에 주체와 타자 사이에는 공백이 있다. 그리고 그 공백 사이에는 무정함이 존재한다. 너는 너고 나는 나다. 이것은 우리가 각자의 삶을 살아갈 수 있는 동력이 되고 또한 서로에게 시너지를 줄 수 있는 근간이 된다. 네가 없어도 나는 살아야 하고 내가 없어도 너는 살아야 하기에 우리는 사랑 보다도 먼저 무정함을 바탕에 두게 되는 것이다.

손절이 주는 타격감

문자를 보냈는데 답이 없으면 어떤가? 전화를 걸었는데 받지 않으면 어떤가? 이 경우 나는 다시 연락하지 않는다. 응답이 올 때까지 침묵이다. 진짜 급한 일에 한해서만 다시 연락해 본다. 보통 안부 인사 등이 사소한 대화의 경우 응답이 없으면 그것으로 끝이다.

무응답이란 관계의 단절을 의미한다. 나의 연락이 불편하고 반갑지 않은 것이다. 그렇게 서로 연락하지 않고 멀어지면 그것이 손절이다. 사람과 사람 사이에 관계에서 누가 먼저 말을 걸었나, 누가 먼저 연락했나, 누가 먼저 만나자고 했나 는 중요하다. 먼저 말을 건 사람, 먼저 연락한 사람, 먼저 만나자고 한 사람이 부담을 진다.

누군가 나를 생각해주고 연락해주고 인사해주면 고맙고 기쁜 일

김지연

인데 이것이 그렇지 않은 사람도 있다. 손절을 당하면 유쾌하지 않았다. 내가 상대방에게 필요 없는 존재이고, 중요한 사람도 아니겠고, 없어도 좋은 사람이니 말이다. 그리고 앞으로 인연을 이어나가지 않아도 좋을 버릴 사람이 되었으니 말이다. 세월이 갈수록 인연의 소중함을 절감하는데, 이렇게 내쳐진다니 씁쓸하지만 받아들여야 한다. 아마도 그도 그만한 사정이 있고 이유가 있을 것이다.

어쨌든 손절이라는 사건이 벌어지면 지난 날을 돌아본다. 내가 한 말, 행동을 다시 생각해 본다. 나에게는 별일이 아닌 것이 타인에게는 특별할 수도 있다. 분명 인사도 잘하고 서로 웃는 얼굴로 헤어졌는데 나중에 연락이 끊어지는 경우도 있다. 나는 아무렇지도 않은데 혹시 혼자 언짢은 게 있었던 건 아닌지, 그래도 함께 소통한 적이 있었는데 그 사람은 별로 기쁘지 않았다니 좀 마음 한 구석이 불편하긴 하다.

누군가에게 정리된 인간관계가 되었을 때 나는 그것도 동기부여의 순간이라고 생각한다. 분명 그 사람은 나에게 하고 싶은 사람을 내가 아닌 다른 사람에게 하고 있을 것이다. 나를 만나지 않는 이유는 나에게 해줄 말을 나에게 하기 싫은 것이다. 그 이야기를 들은 사람은 아마도 내 이야기인 줄 모를 것이다. 그렇게 주인 없이 떠도는 말은 공기 중에서 잊혀질 것이다. 말이 원래 들어야 할 사람에게 닿지 않고 공기 중에서 녹듯이 사라지라고 더 이상 만나지 않는 것이다.

   새로운 사람을 만나면서 인생에서 에너지를 받고, 또 기존의 누
군가를 잃으면서 자극을 받는다. 시간이라는 유한성이 있어서 언제
까지나 주어지는 것이 아니다. 내 인생에 어느 한 사람이 사라지면
서 그 사람을 위해 쓰던 시간이 확보되고 감정도 아끼게 된다. 유의
미한 사람을 위해 쓰는 시간이라면 나의 인생도 한결 풍요로워지겠
지만 그렇지 않다면 그냥 소모적인 것일 뿐이다. 누군가에게 손절을
당해도 그건 발전적으로 쓰일 수 있으니 좋게 생각해도 좋다.

김지연

내가 누군지 깨닫는 순간

누구나 살아오면서 스스로는 잘못이 없다고 생각한다. 늘 잘해왔고 흠이 없다고 생각한다. 능력의 한계로 가까운 몇몇의 사람들만 챙기고 살고 그 외 다른 이들에게는 정을 주지 못하기도 한다. 그냥 아무 일 없이 그렇게 살던 어느 날, 내가 누군가에게는 나쁜 사람이었음을 깨닫는 날이 왔다. 오래전 일이라 그냥 잊었고 그 사람도 그럴 거라고 생각했다.

언젠가 어렸던 나는 철없이 내 마음 가는 대로 사랑을 고백한 적이 있었다. 그때는 진심이었다. 그 사람의 얼굴에 반짝반짝 빛이 났다. 마음이 설레고 행복했다. 그런데 그 사람은 나에 대해 나와 같은 생각을 가지고 있지 않았다. 그러니까 그냥 짝사랑이었다. 혼자만 알고 있으면 괜찮았는데 그 사람에게 마음이 다 들켜서, 아니 내가 적극적으로 표현을 하는 바람이 어색해졌다. 모든 사랑이 받아들여지는가. 당연히 아니다. 나는 그 사람에게 어울리는 사람도 아니었고, 아마도 많이 부족한 사람이었을 것이다. 나는 그 사람에게 이상형도 아니요, 암튼 아무것도 아닌 사람에 불과했다. 나의 고백에 그 사람은 상당히 당황했고, 노발대발한 모습이었다. 아니, 그렇게까지 리액션을 할 필요는 없었는데, 그때는 그 모습이 재미있고 웃겼다. 지금 생각해도 웃기긴 하다. 아마도 여자가 적극적인 게 황당했던 모양이다. 어쨌든 실패다. 나는 뺑 차인 것이다. 그리고 기다리지 않았다. 그때는 그냥 내가 부족하다고 생각했다. 나는 그렇게 말을 꺼낸 게 잘못인 줄 몰랐다.

우연한 기회에 나는 다른 곳으로 떠나갔고 그렇게 혼자 있는 시간 동안 사실 나의 자존감이 좀 많이 낮아졌음도 느꼈다. 냉정하지만, 사람에게는 '수준'이라는 것이 존재하고 나는 아마도 미달이라 그걸 받아들여야 하는 부분이 있는 것 같았다. 오기가 생긴 나는 그 사람보다 훨씬 더 좋은 사람을 만나겠다고 생각했다. 그때는 비참한 기분에서 벗어나기 위해 그렇게 유치한 생각을 했을 뿐이었다. 생각해 보면, 사실 그는 멋진 사람이었지만 나의 이상형은 아니었다. 게다가 나는 인생을 계획해서 사는 습관이 있었다. 언제 취업을 하고 어떤 일을 하고 또 어떤 배우자를 만나고 언제 결혼을 할지 구체적인

김지연

계획이 있었다. 게다가 어떤 직업을 가진 배우자와 결혼하겠노라 아주 세세한 사항까지 결정해 둔 상태였다. 하지만 그는 그러한 나의 계획에 해당되지 않는 사람이었다. 차인 김에 정신 차린 나는 다시 나의 인생 계획에 충실하면서 살게 되었다. 그러다 보니 늘 바빴다. 매순간 해야 할 일이 참 많았다. 그리고 다시는 그때처럼 내 기분에 따라 행동하지 않았다. 그때가 처음이자 마지막이었다. 살아가면서 내가 계획했던 것은 거의 다 이루어졌다. 그리고 남편감의 직업도 미리 다 정해놓았는데(어릴 적, 철없는 생각이었다!), 그 직업을 가진 남자와 선 봐서 결혼했다. 생각하는 대로 다 이루어진 나의 삶을 두고 놀라워하고 부러워하는 이들도 있었다. 사실 엄청나게 노력해서 이룬 것들이었다. 그러나 운이란 한 사람에게 주어지는 것이 아니다. 그와 동시에 여러 가지 부작용으로 인생의 굴곡을 맞이하기도 했다.

그렇게 나는 나의 짝사랑이자 첫사랑에 관해서 잊고 살았다. 일단 기본적으로 내가 차인 것이기 때문에 떠올리면 비참했다. 괜한 말을 꺼내 가지고 어색해져서 다시 만나기도 어려워졌다. 가끔 생각이 날 때도 생각하다가 얼른 접어버렸다. 어려운 사람이고 나와는 어울리지 않는 사람으로 여겨졌기 때문이었다. 인연은 그 시절 인연으로 충분하다고 생각했다.

아주 훗날, 나는 그 사람이 나로 인해 고통받았다는 것을 알게 되었다. 오래전 내가 그를 만났을 때는 내가 좋아한 거지, 사실 그에게서는 어떤 사랑도 느낄 수 없었다. 냉랭하고 차가웠다. 내가 없어지고 나서는 좀 달랐던 모양이었다. 아주 시간이 많이 흐른 후에 그가 아주 많이 나를 사랑했다는 사실을 알게 되었다. 나는 긴 시간 동안 그것을 헤아리지 못했다. 그것을 알고 나서 마음이 많이 아팠다. 그는 나와 다르게 그 사랑이 오래도록 지속이 된 것 같았다. 그리고 그걸 계기로 그는 많이 달라진 것 같기도 했다.

정리가 필요했던 나는 멀리 떠났고 떠난 김에 전화번호도 바꿔버렸다. 말 그대로 새출발이었다. 이러한 행보에는 나의 열등감이 크게 작용한 것 같기도 하다. 꼭 더 좋은 사람 만나겠다는 새로운 마음가짐이 있었다. 그가 어째서 날 사랑했는지, 언제부터 사랑했는지는 모르겠다. 어쩌면 나와는 상관없는 자기애의 일부일 수도 있다. 나를 좋아한 것인지 아니면 단순히 나의 이미지를 좋아한 것인지도 불분명하다. 이러한 나의 짐작이 차라리 오해이거나 착각이었으면 좋겠다는 생각이 들 정도다. 어쩌면 사랑일 수도 있고 아닐 수도 있는 그런 감정이다. 그런 감정을 받은 나는 참 운이 나쁘다.

어쨌거나 나의 고백이 누군가에게는 오랫동안 마음의 고통을 부르는 상처가 된다는 것을 깨닫게 되었다. 정말이지 괜히 꺼낸 말이었다. 시간을 돌린다면 그 시절의 나에게 절대로 고백 같은 하지 말라고 뜯어말리고 싶다. 나는 나도 모르는 사이 내가 누군가에게 나

김지연

쁜 사람이었다는 것을 깨달으며, 나는 문득 나 자신을 성찰하는 방법을 바꾸기로 한다. 언제나 나만 상처받았고 나만 답답하고 나만 오기를 부린다고 생각했는데 어쩌면 그것은 틀린 생각일 수도 있다는 것을 절감하면서 말이다.

아무튼 나의 솔직한 행동이 문제였다. 나란 사람이 내가 생각한 만큼 착한 사람이 아닐 수도 있다는 점을 깨닫는 일은 좀 더 나은 삶으로 도약할 수 있는 동기부여가 된다. 이러한 과정이 없으면 남에게 투사를 하게 된다. 나는 잘못이 없고 모두 남 탓을 하며 문제의 근본적인 원인을 찾지 못하게 된다. 일단 잘못 끼워진 단추를 찾아야 해결을 할 수 있다. 문제 해결의 실마리는 여기에 있는 것이다.

언제나 내가 옳은 것이 아니며 내가 바른 것도 아니다. 하지만 잘 모르고 지나간다. 나처럼 결론을 빨리 내고 대안을 빨리 내는 경우 더욱 그러하다. 혼자 상처받았다고 징징거렸지만, 사실은 내가 다른 사람 마음에 대못을 박은 아주 나쁜 여자라는 것을 깨달으며 나는 좀 더 타인의 마음을 들여다보며 살아가기로 생각해 본다.

미워하는 마음

살다 보면 뜻하지 않게 타인에게 해를 입을 때가 있다. 타인이 배려가 없고 못되게 나올 때는 사실 답이 없다. 그 사람의 측은지심에 따라 나의 운명이 결정될 때도 있다. 너무나도 냉정하고 못된 사람을 만났을 때는 손해가 반드시 생긴다. 그럴 때는 빨리 피하는 게 상책이다. 재수 없게 덕 없는 사람을 만나면 여러 가지로 손실을 보는데, 사실 그때 내가 할 수 있는 액션도 별로 없다. 참을 인자를 새기며 최대한 이성적으로 생각하고 행동해야 한다. 그래도 사람은 속이라는 게 있어 마음속으로는 미워한다. 정말 미워서 견딜 수 없을 때는 다른 사람에게 욕도 안 했다. 진짜 혼자서만 끙끙거리며 미워했

김지연

다. 그래서 주변에서는 아무도 모를 정도다. 희한하게 내가 미워하는 사람은 거의 다 결말이 좋지 않았다. 아마도 업보나 카르마의 작용이 아닐까? 아마도 나한테만 못되게 굴지 않았을 거다. 다른 사람에게도 못되게 굴었겠지. 훗날 내가 미워하던 사람의 불운을 보면서 어찌나 통쾌하던지 입꼬리가 올라가고 생각할 때마다 기분이 좋아서 너무나도 행복할 지경이었다. 그럴 때는 신나는 음악을 틀어놓고 덩실덩실 춤을 추는데 만보기에 11,000보가 나와서 놀랐다. 발랄해 보이는 내 모습이 보기 좋다고 주변에서 한두 마디 한다. 좋은 일이 생겨 명랑한 내 모습은 보기 좋다. 한방 먹고 방법이 없어 복수도 못하고 혼자서 끙끙 미워하는 게 전부였는데 시간이 흘러 저절로 안 되는 모습을 보니 그것이 정의 구현이랄까 아주 속이 시원했다!

살면서 어찌 좋은 사람만 만나겠는가. 나는 좋은 마음을 먹었지만, 그 사람은 아닐 수 있다. 특히 갑을 관계에서 이렇게 만날 경우는 정말 답이 없다. 그래도 언제나 대안은 있으므로 나는 가망 없는 일은 일찍 포기하곤 했다. 그러니 내가 할 수 있는 일은 그저 남몰래 마음 속으로 비밀리에 혼자 엄청나게 미워하는 것밖에 없었다. 발화를 하면 아주 민망하기 짝이 없는 언어의 향연을 펼치며 아주 시원하게 미워했다.

미워하는 마음은 원초적인 거라고 생각한다. 부정할 수 없고 받아들여야 하는 감정이다. 착한 척하면서 이것마저 제어하면 진짜 열은 받는데 분출할 구멍이 없어지는 것이다. 그러면 정말 내가 너무 힘들어질 것 같다. 그러니 미워할 때는 마음껏 미워하고 혼자서 욕도 하고 깜짝 놀랄 만한 악담도 한다. 마치 이루어진 것처럼 기분도 좋아지고 스트레스도 풀린다. 나 혼자만의 생각이지만, 미워할 때는 아무 마음껏 내 마음대로 과식하듯이 미워해도 좋다.

미워하는 마음은 동기부여가 된다. 가끔 혼자 부지런히 걸으며 미워하는 상상을 한다. 걷기가 얼마나 좋은 운동인가. 뿐만 아니라 근력운동을 하면서도 미운 사람을 떠올리며 속시원하게 씹어준다. 신나는 음악을 들으며 덤벨을 마이크처럼 들고 노래를 부르기도 하고 몸도 움직이고 머릿속으로는 그 미운 사람을 수없이 짓밟아주니 기분이 아주 괜찮다. 미운 사람을 생각하면 살면서 스르르 찾아오는 권태기가 쓱 물러나고 의욕이 팍 생기면서 내가 이대로 물러날 수 없지, 다시 한번 팔팔하게 노력을 하게 된다. 체념하고 혼자 울고 이런 건 없다. 사실 뭐 귀찮은 듯 그냥 늘어져서는 나가 떨어져도 좋을 텐데, 미워하는 사람의 얼굴만 떠올리면 피가 뜨거워지고 기운이 나고 정신이 번쩍 든다. 미움의 절정이 올 때는 기운이 솟구친다. 이러한 에너지가 다 어디서 오겠는가. 평온한 일상에서는 올 수 없다. 오직 미움만이 가능하다. 가령 사랑하는 사람을 상실했을 때는 전의를 잃고 슬픔에 빠져서 정신을 못 차릴 텐데, 사람에게 한방 먹었을 때는 두고 보자, 이를 부득부득 갈면서 내 스스로를 부단히 갈고 닦게

김지연

된다.

좋아하는 사람 앞에서는 수더분하게 긴장이 떨어진 모습으로 나타날 수 있겠지만, 미워하는 사람 앞에서는 풀메이크업으로 옷 쫙 빼입고 아주 날씬하게 나타나야 한다. 여유있게 웃으며 인사할 자신도 있다. 시간 내서 만날 필요도 없기에 실현은 불가능하겠지만 예를 들면 그렇다.

살면서 반드시 못 만나는 인연은 생긴다. 그건 피할 수 없다. 그럴 적에는 그 사람을 동기 삼아 자기 업그레이드의 기반으로 삼는 것이다. 미워하는 사람이 없었다면 좋아하는 사람들로 가득했다면 옛날에 도태되었을 것이다. 한 대 맞으면 어떤 방식으로든 돌고 돌아 간접적으로라도 한 대 치는 게 인생이다. 절대로 기죽지 말고 포기하지 말고 그 미움을 끝까지 활용하는 것이다. 그리고 사람은 덕을 쌓고 살아야 한다. 세상 살아보니, 다 돌아온다. 그러니 남에게 상처 주지 말고 널리 정을 베풀어야 한다. 아무도 모를 것 같아도 다 안다.

필요없음에 관하여

눈 앞의 것, 당장 필요한 것만을 추구하며 살아간다는 것은 그만큼 절실하게 살고 있기 때문이다. 바쁘고 간절하고 주변의 것에는 관심을 두지 못하고 오직 나의 인생에 집중해야 했던 시절, 나는 그 시절이 가장 힘들고 어려운 시절이었다. 그래서 늘 필요한 것만을 추구했고 그것을 쫓아서 살아왔다.

어느 날 삶의 여유가 찾아왔을 때 나는 내가 놓쳐버린 것들에 대해서 생각하게 되었다. 바로 필요 없어진 것들에 관한 것이다. 한때는 뜨거웠으나 관심에서 멀어지고 갈구하지 않으며 모른 척해버린 많은 것들이 있었다. 그런 것에는 애정을 들이지 않고 시간도 소모

김지연

하지 않는다. 나 역시도 누군가에게 필요 없는 존재가 되긴 했겠지만, 문득 내가 열외로 잊어버린 것들에 관해서 생각해 보는 시간을 갖게 되었다.

필요한 것만을 가까이하고 공을 들여 대한다는 것은 이기적인 행동일 수 있다. 결국 필요 없어지면 태도부터 바뀔 테니까 말이다. 니즈라는 것은 세상에서 아주 강력하게 작동하는 것이지만, 사람과 사람 사이에는 정이라는 것이 있어 필요성을 능가하는 형이상학적인 힘이라는 것이 있다. 이 부분을 간과하면서 살게 되는 것이다.

분명히 정이 있었는데 니즈의 불충족되어 잊어버린 지나간 세월들을 반추해보며, 나는 살아가면서 꼭 생각하고 살아야 할 것이 '필요없음'이라는 것을 깨닫게 되었다. 지금은 필요가 없지만 그래도 돌아보고 챙기고 그러면서 느끼는 충만한 감정이 인생에 있어야 흐뭇해지고 놓치는 감 없이 안정적일 수 있는 것이다.

그저 이해관계만 중요하게 생각하고 그에 맞게만 살아간다면 눈앞에 것을 충족하며 살 수 있어도 삶의 만족도라는 것이 과연 존재할 수 있는지 의문이 든다. 원하는 것을 얻어도 그 끝이 허망한 것도 아마 이러한 작동원리 때문이지 않을까 싶다.

애착이 가는 대상에게 내가 필요 없는 존재가 되었을 때 느끼는 참담함이란 어떤 것일까? 그 대상이 내가 어떤 모습이든 나를 소중히 여기고 나와의 인연을 간직한다면 보다 나는 행복해질 수 있지 않을까? 나의 부재로 인해 그 사람이 느낄 공허함을 걱정해 줄 수 있는 마음의 넓이를 보다 좀 일찍 가졌다면 좋았을 텐데, 뒤늦은 후회를 한다. 그러한 따뜻한 배려가 있다면 나의 가치가 떨어져도 소외감을 느끼기 보다 오히려 혼자 남을 그 사람의 외로움을 걱정하는 마음이 더 클 텐데 말이다. 사람의 가치는 필요성을 넘어서는 것이다. 필요하지 않아도 만나고 싶고 이어가고 싶은 것, 이 세상을 살아가는 또 다른 동기부여는 바로 '필요없음'에 있다.

김지연

복수심이 주는 환상

살다 보면 누군가에게 미움을 받을 때가 있다. 그렇게 상처받는 일이 생기면 나도 모르게 복수심이라는 게 생긴다. 복수심은 나태한 일상에 한줄기 힘줄이 되어 일상을 끌어올린다. 갑자기 생동감 있는 의욕이 생기고 부지런해진다. 복수심이 있는 사람은 사소한 몸짓 하나도 다르다. 뭔가 준비된 자세로 행동거지에 각이 잡혀 있고 결의에 찬 표정이다. 외면과 내면을 정비하여 깔끔한 모습이 된다. 그러니 복수심이 있는 사람은 근면하고 성실해서 결과물을 만들기에 유리하다.

하지만 복수심이라는 것이 얼마나 허망한가. 복수라는 게 이루고 나면 허망한 것이다. 그건 해피엔딩의 방법론이 될 수 없기 때문이다. 특히나 한때 사랑했던 사람을 향한 복수라면 더욱 그렇다. 헤어진 사람이라면 애증의 감정에 얽혀서 바라보게 되는데 그 사람이 잘 살아도 싫고 못 살아도 싫고, 나를 잊어도 싫고 나에게 어떤 의미가 있는 것도 싫은 복잡함 속에서 시달리게 된다. 이 세상에는 무소식이라는 게 없지만 무관심이라는 것은 있을 수 있다.

복수심이 주는 삶에 대한 동기부여의 힘은 실로 크지만, 그래도 휘말리지 말고 진정해야 한다. 마음이 활활 타오르고 시간이 거꾸로 가는 것처럼 펄펄 기운이 날 테지만 복수심은 유익한 것이 아니다. 설령 복수가 유의미하게 성공하여 그 사람을 괴롭혔다고 한들, 그 사람의 심정은 또 어떠하겠는가. 정곡으로 상처를 주고 나서 후련해질 수 있을까? 결론적으로 절대로 마음이 편치 않다.

복수심은 어리석은 감정이다. 그리고 되돌릴수 없는 행동을 유발한다. 그러니 복수심은 정리해야 하는 감정이다. 복수심을 정리하는 방법은 간단하다. 이 모든 사단의 원인을 나에게로 돌리는 것이다. 내가 나를 비난하라는 뜻이 아니다. 문제의 원인은 내게 있었고 나의 선택과 행동에 따라 물결치듯이 모든 일이 벌어진 것이다. 그것은 나의 부족함이고 미흡함이다. 다만, 나의 잘못이 아닐 수 있다. 살다 보니 생긴 거친 실수이고 섣부른 모자람일 수 있다. 적어도 내가 나를 다룰 때는 정직하고 솔직해야 한다. 남에게는 변명할 수 있고 억지로 잡아뗄 수도 있다. 내 편 들어주는 사람하고만 대화할 수 있

김지연

다. 하지만 나 자신에게는 그럴 필요가 없다. 솔직하게 무엇이 문제인지 나 자신과 대화해야 한다.

모든 일은 나의 선택과 내 언어의 발화에서 비롯되지만, 인생은 언제나 예기치 않게 흘러간다. 복수는 남 탓을 하는 사람들이나 하는 것이다. 나의 부족한 부분을 살펴보고 이해하면 조금 더 성숙해질 수 있고 그러한 선택은 내가 나로 하여금 헛된 시간을 보내지 않도록 방향성을 잡아준다. 좀더 나은 것을 찾아서 고르고 골라 살다 보면 분명 놓치는 것은 생긴다. 그러한 과정에서 나도 모르게 누군가에게 배신감을 주고 실수를 하게 된다.

뺨을 세게 맞고 나서 나도 똑같이 상대방에 뺨을 때려주는 것은 의미가 없다. 나를 때린 그 사람이 흘리는 눈물을 보라. 나는 어쩌면 그 사람에게 미안하다고 말해야 하는 것인지도 모른다.

무사유의 시간

생각 없이 사는 세월이 있다. 나는 그것을 '무사유'라고 부른다. 매일 반복하는 일상의 루틴을 수행하며 어제와 같은 오늘을, 오늘과 같은 내일을 살아간다. 지나간 것은 흘려보내고 다가올 것은 이미 경험한 어느 평범한 일상. 생각할 수 있는 것만 생각하고 생각할 수 없는 것은 생각하지 않으며 살아가면 마음의 평화는 찾아온다. 인생의 진리와 본질이 있던 없던 그것과 관계없이 행복과 평안의 세계에서 안정되게 살아갈 수 있다. 그 시간들이 쌓여 만든 층위가 인생이다.

내일이란 언제나 오늘의 반복이다. 그러나 두려울 것도 없고 모호할 것도 없다. 오늘처럼 살면 되니까 자신감도 있다. 기분이란 그날

김지연

날씨와 같은 거라 소폭의 변화만 있을 뿐이다. 사람은 때가 되면 만나고 자기만의 일상 이야기를 내어놓는다. 그 이야기를 관심있게 듣되 뭔가 거슬려도 의문을 갖지 않고 들을 때는 즐겁게 듣고 마음에 담아 두지 않는다. 생각의 날카로운 모서리는 모두 제거하고 수제비처럼 말랑말랑하게 다룬다. 말한 사람도 들은 사람도 아무도 기억하지 않는 일상의 언어는 발화와 동시에 연기처럼 사라진다. 오늘 익숙한 사람을 만나 정서적 교감을 한 것으로 충분한다. 지식은 책에 있고 사람에게는 감정이 있다.

그러던 어느 날 생각이 탄생했다. 무의식의 그물에서 떨어져 나온 하나의 생각. 그 생각은 틈을 만들어서 일상의 신선한 자극을 준다. 생각할 거리가 있다는 것은 하나의 이슈와 같다. 타인에 대한 관심이 부족한 것은 결국 나 자신에 대한 관심이 부족한 것과 같은 것이었다.

잊혀진 것들에 관해서 생각해 본다. 한때는 강렬했으나 잊기로 했고 그렇게 바람에 날려보냈다. 떠나보낸 것들이 어디로 갔는지는 알 수가 없다. 그렇게 존재는 투명한 비존재가 되었다. 망각이라는 것은 마술 같은 것이다.

생각이 우후죽순으로 떠오르면 마음은 혼잡해진다. 때로는 감당하기 어려워 괴로움으로 다가오기도 한다. 이 생각, 저 생각이 난무하면서 정서적으로도 어두워진다. 많이 생각할수록 답이 나와야 하는데 그렇지 못하다. 비누거품처럼 점점 많아지기만 한다. 한번 빠지면 빠져나오기도 어렵다. 그래서 마음의 벽에 구멍을 내서 생각을 억지로 내보내고 무사유를 꿈꾸게 된다.

나는 오래도록 무사유의 시간을 만끽했다. 무쓸모의 사유가 사라지자 평안해졌다. 내가 꿈꾸던 세계였고 갈망하던 경지였다. 생각하고 싶은 것, 생각 가능한 것, 필요한 것만 생각하며 살았다. 불가능한 것은 애초에 삭제를 해버렸다. 짧게 분절된 생각의 마디들도 몽당연필처럼 쓸모가 없어져서 모두 버렸다. 그래서 손에 닿을 수 있는 것만 남았다.

무사유의 평안함 속에 가려졌던 작고 슬픈 자국들이 눈에 들어왔다. 역시나 타자와의 관계 속에서 이루어진 것들이다. 내가 아무리 작고 사소한 존재라도 누구도 나의 선택과 결정을 막지 못한다.

무사유의 시간을 지나 나는 다시 사유의 시간을 갖기로 했다. 사유의 시간을 갖는다고 해도 걱정할 것은 없다. 여전히 평정은 유지될 수 있다. 그동안 생각하지 않은 것들, 생각하지 못했던 것들 떠올리며 인생을 재정립하는 것이다. 내가 놓친 것들, 내게서 잊혀진 것들을 소환하면서 인생을 완성하는 것이다.

한번 생각해 보자. 그동안 생각하지 않고 살아온 것이 무엇이 있는가. 생각하는 것과 생각하지 않는 것 중 무엇이 더 평탄한가.

김지연

인생을 완성하는 동기부여

초판 1쇄 발행 | 2025년 5월 12일

지은이 | 박경화, 최영주, 천정은, 김지연
펴낸이 | 김지연
펴낸곳 | 마음세상

출판등록 | 제406-2011-000024호 (2011년 3월 7일)

ISBN | 979-11-5636-621-8 (03190)

원고투고 | maumsesang2@nate.com
블로그 | blog.naver.com/maumsesang

* 값 18,500원